過得好，是因爲你看見周圍的好。

你，很好

接受
過去的你，
喜歡
現在的自己

艾爾文——著

CONTENTS

PART 1
過去的事

PART 2
自己的事

CONTENTS

PART 3 現在的事

CONTENTS

PART 4
選擇的事

CONTENTS

PART 5
以後的事

CONTENTS

〈前言〉

在不好的過去，做更好的自己

被誤會的感覺是什麼？

與你有關的事，流傳不同的說法，你心中明明知道事情真實的答案，誤解的人卻堅持自己知道的才是答案。

我想起還在學校時的一件事，主角是我前方那撮白髮。它的位置約在額頭上方，剪短時會因為光線角度關係，看上去像是少了一塊。自從有一次撞到冒出血後，那邊長出來的顏色就白了。不過我從小髮側就有少年白，所以也沒特別在意。

某堂課，老師突然盯著輪到坐第一排的我，質疑我怎麼可以染髮。一瞬間我還不明所以，片刻後才想起我頭頂上那撮明顯的白。

「老師，那個……長出來就這樣了。」我猶豫要解釋多清楚，最後決定跳過所有細節，直接描述它的現在。

「真的嗎？不是故意染的？」

「真的。」

那位老師後來沒再過問，但眼神透露出不太相信我的感覺。老師基於職責確實要留意學生的行為，不過他的反應還是讓我有種做錯事的不安感。

被誤會的感覺並不好受，特別是在擁擠的人群裡，同一件事會被用各種無端的角度解讀。起初還會想盡辦法證明事情並非那樣，著急的解釋根本不存在的事，到最後還因此產生愧疚感。只是很多時候，你愈是想去爭取，後來只會變成爭論，事實也就沉沒在無關緊要的辯解之中。畢竟，在不想理解你的人面前，再怎麼合理的解釋，對方仍然會覺得是你有錯。

然而你可曾想過，我們或許也常誤解自己嗎？

因為別人指責你的不對，說你不夠資格，批評你的行為，傳遞你的謠言，然後你就開始跟著否定自己。或者，因為過去發生的一些事情，讓你對自己失去信心，對現況沒有把握，對未來沒有期待，然後你開始對之後的路感到迷惘。

這些我都經歷過，在國中，在大學，在社會。好比原本主動幫忙不屬於我責任範圍的事情，卻在事情搞砸之後被怪罪到身上。看著其他同學堅定走向未來想去的路，自己卻連一個方向也沒有。進了社會做著看似穩定的工作，心中卻沒有存在感。雖然這些事情散落在不同的人生階段裡，可是帶來的自我否定感，卻看似巧合的一再出現。

回想起來，我人生至今有三個大的轉折點，說來，好像都跟失去有關；國中升學考的失敗，大學失戀，以及工作中一度失去健康。發生的當下，我都像走進一片永遠散不去的迷霧裡，日子一久，連自己的模樣也快記不清楚。

然而，時間告訴我，失去的另一面雖然無法肯定是得到，卻至少有機會讓人學到。學到如何在脆弱的時候，一步步找回自己的堅強；學到即使年輕時犯了錯，也可以在後來用努力慢慢修正回來；學到原來許多事在時光下攔住了自己，只為了埋一個未來要綻放的種子。

轉眼間過了十多年，我曾經以為有些事自己不可能走出來，但在後來的幾年，好像似懂非懂的走過了什麼。雖然現在還是偶爾會碰到類似的事，心中產生類似的不安，但跟當初那個青澀的我相比，說是成熟，更是成長，對原本會令自己難過的事不再那麼糾結。

如果可以，我也想把時光剪一剪，挑出不想要的片段，只留下那些美好的部分。但有誰又能保證，少了那幾段過程，其他的時光還能夠一樣美好？

所以，我想寫一本可以支持自己，讓人願意對自己說「我很好」的書。在陷入沒有人會習慣的低谷時，仍然相信自己會好；在別人數落你時，有勇氣追求變好；在你的努力無法趕上別人的期待時，在生活只剩徬徨失措時，在即使需要一個人面對時，也不會感到害怕，會想起自己的好。

自從《別讓現在的壞事，趕走未來的好事》出版後，我收到更多來自讀者的訊息。有的人對我的寫作表達支持，也有人跟我分享他們的故事與煩惱，這裡面有好多的心痛，也有很多的堅強。

其實，每個人的故事都是唯一，沒有人可以被取代，我也無法代替任何人去面對眼前的困難。我可以的，就是分享更多所經歷的故事，讓人可以從中找到相似的地方，陪著一點一滴找回力量；期待我曾經走過的路，與你有相似的景點，期待我掙扎的過程，能讓你感受到往前的勇氣，縱使是遍體鱗傷，卻可以對自己感到驕傲。

如今回想，二〇一二年對我也是個很關鍵的一年，在那之前我沒有寫作的經驗，日記也沒在寫，而那年我卻開始寫文章，還一寫就寫了幾年，一寫就寫了上千篇。我從沒想過可以因為書寫文字，遇到一群讀者，從沒想過我過往克服的不堪，可以在世界上的某個角落，支持另一個人走自己的故事。

成長不容易，日子過很快，人生是一連串意外的偶然，我們曾經為什麼而堅持，為什麼而付出，時間都會幫你好好保存著。願你也相信，很多的結果其實只是另一件事的過程，曾經討厭的過去，都會用另一種好來到眼前，它們正在靠近，也正在等你前進。

正在等你變得更好，正在等你看見自己的好。

National
ステンレス製

PART 1

過去的事

就讓時間留住那些壞事，
如果一直活在過去，
又要如何記住現在的自己。

經歷沒做過的事叫成長，忘掉被傷到的痛叫成熟

艾・語錄

你過得好，有人會覺得你在炫耀；
你過不好，有人會覺得你不長進。
你做事速度快，有人會酸你工作量太少；
你做事很謹慎，有人會嫌你動作慢。
晚下班被說不會享受生活，早下班被說打混摸魚。
這世界就是這樣，你多用心還是會有人看不慣。

人一生過得如何，從來就不是由別人來打分數，
你才是有資格說自己好或不好的人。
不要放棄為自己努力，壞事遲早會過去的，
只要你持續前進，好事就會提早到來。

我人生第一次造訪美國加州就留下非常深刻的印象。除了滿足現場看NBA籃球的夢想，沿途發生的大小事都讓人覺得，老天是否不希望我來舊金山，何況我還差點丟掉性命。

首先是過敏。見過我的人不難發現，我的鼻翼豐厚，鼻腔依合理構造發展應該夠大。雖然學生時期為此困擾過外貌，但鼻子大的好處沒話說，從小到大我的呼吸系統都很順暢，我無法理解為何有些人早上起床必須擤鼻涕，如季節性的花粉過敏也從來沒煩惱過。

萬萬沒想到，這輩子第一次，也是目前唯一一次的過敏，會發生在一萬多公里外的舊金山。起初以為是出國前的小感冒加劇，可是隨著喉嚨不適與像水龍頭般的鼻水狂流，外加當地朋友的親口認證，才相信我真的對舊金山的環境過敏了。那個當下，我也深深體會到，平時鼻子就不適的人生活有多不便。

有時候，將心比心最好的方法，就是實際走過對方走的路。因為有了體會，自然就會有所體諒。

有趣的是，正當我覺得接下來七天的行程都要瘋狂用掉衛生紙，過敏的現象卻在飛抵洛杉磯時自動痊癒。老天真的是想了各種方法讓我對舊金山印象深刻；陡峭的斜坡、美味的早餐、傳統的叮噹車，還有不想懷念卻忘不掉的過敏。

不過說到要從舊金山飛往洛杉磯，我又遇到另一個印象深刻的事：我預定搭的班機突然被取消！然後是遞補的班機又取消，接著又取消，再取消，我原定中午前就要起飛到洛杉磯的行程，到了晚上才有班機，抵達目的地時也已經是晚上十點多。算起來，那天就花了十幾個小時在「等」飛機，對於出國旅行，這種等待的成本未免也太高。

恐怖的是，我後來搭到的還是小型客機，途中體驗到至今讓我覺得最絕望的亂流，是那種機上有人在尖叫的亂流，嚇得我都做好飛機要掉下去的準備。那一刻我真的感受到，為什麼人在飛機失事前，會急著想打電話給家人。

原以為接下來的行程會順利，但事情並非如此，我在飛回舊金山的前一晚才發現，我預訂好的機票也被取消，差點回不了家。

因為這趟行程在出發的半年前就排定，很早就買好美國國內優惠機票，所以當我發現機票被取消時立刻去電航空公司，沒想到客服說因為當初買的是優惠票，現在系統只能用原價重新購買，我需要補將近兩百美元的價差。

兩百美元，不是兩美元！金額差了那麼多，而且我確定不是自己取消的，當下只好拿出不算流利的英文，解釋我從沒在課本上學過的「把我的票還我」主題。

要說這輩子覺得學英文最有用的一刻，我肯定不會漏掉這次。那通電話前後講了超過半小時，途中從客服直接回絕無法處理，再到我解釋不會有人主動取消划算的機票，只為了多花錢購買原價機票，再到客服請示主管後還是要用原價購買，然後我再要求調閱紀錄看是誰取消機票，最後他們才澄清是櫃檯人員操作的問題。我不需要再補錢了，我也終於可以準時飛到舊金山轉機回家。

旅行就是那麼有趣，每趟出去都是未知，每次回來都有說不完的驚喜，最有意思的地方在於，那些當下覺得好倒楣的過程，往往是回家後最值得回憶的片段。

想想，人生不也如此？**當下遇到過不去的事情，總是在繁忙的生活中漸漸淡去，有一天回頭來看變成一份禮物，給了自己更大的收穫。**

人生即是如此，很多的明白總是要在經歷過後才知道；當初很相信的人，原來就是在背後中傷自己的人；當初說要陪到最後的人，沒想到卻是最先離開的人；原本跟自己無關的事，因為被嫁禍而變成要負責的事。

然而，時間雖然在當下開你玩笑，卻也在將來讓人會心一笑。若不是被相信的人瞞騙，不會知道要把握真正對你好的人；若不是有人離開，不會了解為什麼要珍惜身邊的人；若不是遇到栽贓，不會學到以後哪些人可以幫忙，哪些事最好旁觀。

若不是舊金山之旅發生那麼多事，我不會在回家後有那麼多的故事可聊，也不會至今仍然念念不忘那趟旅行，想著何時才要再次造訪。當然，這次我會準備好抗過敏藥。

凡事都有好的一面，但你要先爲自己主動翻面。下雨就撐傘，天冷就保暖，你無法讓痛苦的事情不發生，但你可以為想成為的自己變堅強。

生活會考驗你，但不是要你討厭自己。

可以單純相信人，但別相信世上只有單純的人

艾·語錄

世上最奢侈的事，
就是忙著去跟討厭你的人解釋，
卻忘了跟在乎你的人相處。

其實，愛上獨處沒什麼不好，
想做什麼就做什麼；
朋友不多也沒關係，
人少一點，相處也單純一些。

無論在愛情或友情裡，
都不用刻意留住想要離開的人，
但一定要珍惜陪你走到最後的人。

信任，是一種漸層式的體驗。

原本陌生的兩個人，因為互相喜歡而牽手，隨著時間愈來愈了解對方，從此決定用一輩子陪著對方走下去。原本來自異鄉的同學，因為分到同一個宿舍而對彼此漸漸熟悉，從課業聊到家庭，從明星偶像聊到感情對象，互相分享笑容，也互相擦拭眼淚。原本應該是競爭的同事關係，因為工作上相處久而成為朋友關係，假日揪團出遊，分享辦公室以外的人生。

一個人對另一個人的信任感就是這樣，經過時間的相處，敲碎了原先的懷疑，再一片一片撿起拼湊成相信，彼此的心也漸漸縮短了距離。然而，這世界並不單純，有些人建立信任感是為了利用別人，刻意在人前人後，用著不同的面貌描述相同的事，而且還都不是事實。有時候，無意間聽到某人的心事從另一個人的嘴裡洩漏出來，我當下也會覺得沒有安全感。心想，我曾經跟他說過什麼嗎？我曾經有在他面前出現過放鬆的一面嗎？

會利用別人，他們或許是為了生存，但不代表就應該被允許。遇到這樣的人，你要做的不是攻擊對方，而是選擇跟那些人隔離，不只是生活或工作上的隔離，心情也要隔離，才不會一直受干擾而無法前進。

其實，**眞正相信你的人，不會因爲別人的一兩句話就對你改觀；原本就懷疑你的人，流言才剛開始傳就已深信不疑。**

這世界就是如此，有多少人就有多少種想法，即使你已經把最好的自己拿出來，仍然有人會說你不是；即使你想把誤會解釋清楚，還是有人覺得你在逃避。

你不需要去討好或攻擊那些人，你只需要做好自己。與其去在乎那麼多人，倒不如好好珍惜能讓你安心相處的人，以及願意在自己無助時陪在身邊的人。至於那些聽完謠言後跟著討厭你的人，正好省了力氣，從此不用再去煩心。

別那麼努力的討好別人，因為你愈努力只會愈無力。人生最累、最苦的事之一，就是想控制無法控制的事情。人與人之間是要多點信任，可是遇到不把信任當回事的人，戴上面具不是為了隱藏住自己，而是為了保護好自己。

做人需要真誠，但那要用在也是真心對待你的人身上。遇到會嘲笑別人疤痕的人，既然他們無法管好自己的嘴巴，那就一定要閉緊自己的嘴巴。

談到信任，這世上最脆弱的或許就是愛情。

雖然我很少寫有關愛情的事，不過還是收到許多詢問關於感情的問題，從他們不同的故事中，一再看到同樣的背叛；以為雙方心中都只有對方一個人，可是對方心中卻還有其他人；一直跟自己說要相信，對方卻一再失信。到後來，連放手都變成一種掙扎，因為曾經投入那麼多的自己，早已忘記如何轉身離開。

我曾經體會過，一段感情從信任到懷疑，再到無法承受對方的一再欺瞞，最後拖著自己走出來，結果成為更好的自己、遇到更好的人。這段過程給了我很多的體會，所以我相信只要願意往前繼續走，感情的創傷就會慢慢被時間撫平。

有些人，若真的想走不用強留，因為留下來也不代表對方就會陪自己一輩子。有些事，發生了也不用一再懊悔，因為很多事到後來都會成為另一種安排。

當一段感情以難過結束時別害怕，或許它會留疤、會痛，但一定也會好起來。

雖然要分辨那些不懷好意永遠是件困難的事，不過誰是真心真意的對待自己，時間久了一定分得出來。

重要的是，我們應該珍惜留在身邊的人，學習把握還來得及的事，學會往前成為更好的自己，而不是一直糾結在不好的事情裡。**人生走到愈後面，愈會發現，其實心裡該裝進去的東西不是要變多，而是要慢慢減少；**那些無時無刻關心你的家人，那些在低潮時沒有選擇離開的夥伴，那些在你難過時一邊念你一邊掉淚的朋友，才是我們要用心去在乎的人。

不要因為習慣了，就把此刻周圍的人與事看作理所當然，沒有什麼東西是絕對不會失去的，既然擁有，就別忘了珍惜。所謂的長大，有時就是看懂了那些原來再清楚不過的事，也許是傷了很多次才清醒，但至少那些都是成長的痕跡，你也會漸漸知道哪些人該相信，哪些人又該忘記。

無論是過去或現在，是被欺騙或被傷害，發生了並不可恥，因為它給你機會看清楚本來在身邊假裝好的人。就算曾經掏給對方的信任已經討不回來，但至少你能學會不再輕易逢人就想交心，也會學到該把信任交給什麼樣的人。

多珍惜真心對自己好的人，至於那些已經不值得留下的人，以後別再留戀，若再遇到一樣的人，更別浪費自己的生命。哭一哭也好，眼淚可以帶走很多東西；笑自己傻也行，豁達有時就是這樣來的。

想好了就站起來重新出發吧，拍掉身上的灰塵，也拍掉那些絆著你的過去。

隧道再怎麼長，也會有個出口

艾・語錄

每個人都可以表達自己的想法，
但每個人也要保護好自己認同的事；
如果連自己都不重視自己的看法，
不會有其他人想要重視。

無論是誰對你做出什麼傷人的評論，
那都只是他腦海中的虛擬，
你才是勇敢活在真實世界中的人。

人生終究是自己的，別人怎麼看是他們家的事，
你自己怎麼看，是一輩子的事。

把我們逼到絕境的，往往是周圍人對自己的看法；能把自己帶離絕境的，往往是自己看自己的方法。

H的故事就讓我有所體會。

從小他是由祖父母帶大，父母因為工作跟他聚少離多，住的地方偏郊區，年輕人口早已外移，村裡幾乎沒有同年齡的小孩當玩伴，祖父母也沒什麼體力可以陪他。說好聽一點，他很早就學會獨立，可是對他來說，那是習慣孤獨。

因為經濟需要，他比同年齡的人提早進入職場。打了很多次工，接觸過很多的人，犧牲掉很多玩樂的時間。令人佩服的是，他並沒有因此荒廢學業，努力熬到畢業後進入一家貿易公司工作，幾年後成功轉職到國際級企業擔任業務。若沒意外，接下來就是在這家大公司努力到退休，每兩、三年爭取一次升遷的機會，就跟多數有心在公司體系發展的人差不多。

然而，這對**H**來說卻不是想走的路，因為如果是，為什麼看到部門主管熬夜加班、到處應酬，心中卻是產生厭惡感？而且有些前輩已被調派到海外支援好幾個月，有些人還需要常駐在當地，進公司後只聽過名字沒看過人。

他能理解，工作後多少要犧牲跟家人相處的時光，但想到可能是幾個月才見一次面，腦中就會浮現小時候孤獨一人的場景。何況經常性的熬夜、應酬還會因此賠掉健康。他問過同事想法，有些人說這就是產業目前的生態，去其他大公司也差不多。有些人則是簡短回覆：「還不是為了生活，你有家庭就知道了。」

因為很早就要打工養活自己，所以他心中從來不會低估生存的困難，不過這樣的生活還是讓他擔心。於是，H存了一些錢後，就在周遭朋友訝異下申請離職。有些同事給予祝福，但更多的人是等著看笑話，畢竟外面的人是搶破頭進公司，而他卻是離開公司，而且下一步還是決定到夜市擺攤。

其實，一開始他不太能理解為什麼同事要嘲笑他。也許是從小就開始打工，接觸到很多白手起家的老闆，很多人也是剛開始一無所有，從小攤子做到好幾家店面的人不在少數。而這股鬥志也強化他一定要做出成績的心態。

只是，他把這一切想得太美好。

這世界並沒有那麼好混，他自己開始批貨來賣後，才知道打工跟當老闆的差異有多大。由於急著賺到錢，只要是當下熱門的物品他都批來賣，但這種選貨的方式非常吃眼光，他卻毫無經驗，所以批來的貨並不受客人歡迎，再加上昂貴的租金壓力，做沒幾個月存款就見底，手上囤的貨卻還是賣不出去。

很快，H就被市場掃出去了。

緊張、憂慮、惶恐，這些就是他收起攤子後揮之不去的心情，過往那些人嘲笑的畫面也不時出現在腦海裡。但是他沒有因此放棄，而是先用低價把剩餘的貨轉手後，在家沉思過去幾個月犯的錯。

人生是條不斷學習的路，發生什麼事情不重要，重要的是如何減少同樣的事情再度發生。**失敗可以給人打擊，也可以給人養分，就看你願不願意修人生這個學分。**

反覆推敲後，H發現他挑選的貨雖然是當下熱門的物品，卻容易暢銷也容易退燒，在一窩蜂的跟風後比的是熟客的量跟行銷的技巧，這些對新手而言是最缺乏的部分。加上因為什麼都賣所以攤子毫無特色，也更無法累積固定客源。同時間他也到不同的夜市觀察，學習別人做生意的方法，了解別人的鋪貨策略。

重新擬定計畫後，剩下的就是資金問題。

「這部分真的很難，存款所剩不多，沒有正職也無法跟銀行貸款，我想了很久，才鼓起勇氣跟周圍朋友借錢。」他低著頭說，眼裡好像藏著什麼。

談笑，容易當好朋友，談錢，容易變陌生人，H馬上就體會到這件事。有些朋友一聽到借錢馬上疏遠他，有的還藉機數落他一頓，不外乎好手好腳的為何不去找份正常工作。

「只要不偷、不搶，什麼工作都是有價值的，不是嗎？」他有點感嘆的說。

世上存在各式各樣的人，會有看好你的人也會有看衰你的人，你並無法決定他們用什麼規則來評斷你的選擇。每個人的周圍不可能都是頻率相同的人；有人會欣賞你的優點，有人會把那個優點當成威脅，你永遠無法讓所有的人都喜歡你。也因此，我們都要學習不把心情的控制權輕易交出去。因為當你按照別人的聲音去活，遇到難過的事情時你只會怪自己，遇到好過的事情時你也會懷疑自己是否走運。

有時候，當人不知所措、感到迷茫，缺少的不一定是自信，而是把太多別人的看法摻進自己的想法裡。就像加了太多水的麵團，最後煮出來的麵條太糊、太爛，不是自己想要的。

雖然，聽取自己的聲音不代表往前的路就變得多順遂，但至少在遇到困難時，你會有能力依靠自己，會有勇氣面對恐懼，會願意尋找希望，而不是對自己感到失望。

永遠要記得，在跌倒之後會伸出援手的人不多，你自己一定要是其中一個。

所幸，H過往給人努力認真的印象，願意借錢給他創業的人還是有，這邊幾千元、那邊幾萬元，勉強湊到新攤子的資金。有了前次的失敗經驗，第二次的擺攤創業謹慎許多，選的攤位比較小，進的貨量比較少，但主題更集中在年輕人會喜歡的生活用品。同時他會定期觀察其他攤子的新貨，也會乘機跟客人打聽即將流行的東西。

不到幾個月，攤子就轉虧為盈，不到一年，他也連同利息還清跟朋友借的錢。之後他就這樣靠著穩定累積的策略，以及不斷觀察流行趨勢，終於在夜市有了自己的店面，過陣子又開了第二家。他也很早就在網路開店，利用實體店面大量進貨的方式取得更低的成本，吸引網路的來客量。

「反正也就這麼一次了，沒試過不會知道結果。」他回想起當初跟自己說的這句話，他知道現在的成功多少包含運氣，但他也慶幸那時候有堅持下去。

這一生我們會遇到很多的不習慣：被人消遣的不習慣，面對未知的不習慣，拒絕別人的不習慣，換新工作的不習慣。當人面對那些不習慣時，就如同遇到不熟悉的路口，總會有些遲疑、不知所措。

只是要知道，每個不習慣都可能阻擋人往前，但也可以組合出更好的未來。或許，適應的過程中你會否定自己，覺得困難好折磨人，但我想也一定會伴隨著成長。

天底下沒有輕鬆的得到，更好的將來需要堅持才能看到。希望你也相信，只要不被現實打倒，所有發生的事都正在讓你變得更強；只要不放棄往前走，再怎麼黑的隧道，也有個明亮的出口在前方。

黑暗的盡頭，是光，中間不舒服的過程，都是在讓人變得強大。

你無法從頭來過，但可以重新開始

艾·語錄

不是真的變得多堅強了，
而是開始知道如何豁達的面對他人的想法，
知道應該要如何照顧好自己的需求，
知道怎麼用平靜的心面對這複雜的世界。

那些痛苦、遺憾，當下也許帶來很多的衝擊，
但除非你一直留住它們，
否則時間總是能帶走比想像中還多的事。

或許這樣的看淡，都是用了好幾個難過的日子才換來，
但其實之後再回頭看，
能夠以更喜歡的自己繼續往前，也就值得。

頂著交通大學理工碩士的光環，我在別人眼中通常是個會讀書的人。從小到大考試成績也不算差，唯獨在國三那年重重的跌了一跤。

我就讀的是一所對升學要求很高的國中。國二時，我的各科平均成績還是班上前十名，順利被編入學校僅有的四個升學班，心裡也對聯考浮現了期待。就我所知，學校會安排老師針對升學來設計課程與段考題目，負責的班導師也相對嚴格，雖然課業壓力大，但只要跟著學校安排的課程複習，高中聯考結果應該不會太差。

然而，這件事卻沒有發生在我身上。

被編入升學班後，隨即要面對的是全校模擬考。我當時很用心準備，想知道在跟成績優異的同學共處下，我當下的程度到底在哪裡。成績出來後我在班上的名次是二十幾名，雖然進步的空間還很大，但其實也算滿意，因為我的全校名次已經落在可以穩定升到好學校的範圍裡。

之所以會對這個名次印象深刻，是因為那一次的成績，就是我在國三最好的一次。在第二次模擬考時，我的成績變成班上的五十多名，全班也不過就五十多名。

直到現在，我也無法確定落差會那麼大的原因是什麼。也許是對考試失去興趣，又或者適逢家變，接下來將近一整年的日子，我在各種大小考的成績都是班上倒數，我也對考試愈來愈沒信心，連是否要去補習班加強的念頭都放棄。另一方面，家人也正努力從悲傷中走出來，無暇關心我的學業。最後聯考放榜結果非常不理想，能錄取的高中非常少，考量求學環境，我選擇就讀排名相對前面的技職學校。

對於國三升學考的失敗，一直以來都是我想到就難過的事，或許因為無法再從頭來過，我對當時沒能透過考試證明自己感到可惜。如果可以，我真的很想知道那時再認真點，我到底可以考到什麼樣的學校。

進入技職體系後，因為剛入學考試壓力瞬間釋放，我似乎也像得到解脫般，對於學習課業再度恢復信心，頓時也覺得老師的教學變得有趣，第一次期中考的結果就得到第一名。接下來的三年，我的成績也穩坐班上第一名，全校成績也都是在前三，大多數是全校第一。有了好成績，自然也對升學考試愈來愈在乎。

還記得我在升三年級前的那個暑假，每天都待在家讀書，準備開學後的第一場模擬考。不怕人笑，那時我心中像是個擔心玩具被搶走的小孩，每天都幻想著同學是不是比我還認真讀書，擔心會不會又像國三一樣，成績突然一落千丈。好在我只是過度焦慮，第一次模擬考後的成績公布，我除了是全校第一名，分數還超出第二名不少。

說得那麼有自信，好像還有點自傲，是想讓你以為我就會這樣順利考到第一志願。

然而並沒有，因為我的初戀就是在當時被畫上句點。

這突如其來的衝擊，多少影響我對考試的準備計畫，不過所幸三年下來累積的基礎，最後仍然考取公立科技大學，四年後也進一步考取時下熱門的研究所科系，接著當完兵就到薪資水平較高的科學園區工作。

如今回顧，研究所放榜的那一刻依然無比清晰，當下我雙手握得好緊，打算就此把想要的人生抓到未來去。

雖然至今想起國三考試失敗經驗時還是難受，但我卻不後悔，因為它讓我在後來結交到志同道合的朋友，也給了我接下來能夠再努力的機會。最重要的是，這段過去讓我體會到：一件事再怎麼糟，也不代表永遠都會那樣。

有時，我們會那麼擔心一件事，是因為害怕那件事的後果自己無法承擔，會害怕現在的一切因此變了樣。

然而，世上沒有多少事從頭到尾都是毫無阻礙的，也沒有什麼事注定就會愈來愈糟，更沒有什麼事能阻止你繼續努力。仔細體會就知道，那些現在看起來很好的「結果」，一開始也是出自許多不好的「如果」；而一件事再怎麼壞，也都會在某個時刻開始轉好。

一個人會成長，往往不是在順境中得到什麼支持，而是在逆境中更加認識自己。因為跌倒過，因為被傷過，所以懂得有些事情時間到了就不該再繼續，而有些事情，無論如何都不能輕易放棄。

所以，不管你現在遇到多大的困境，永遠不要小看人生這條路，因為你不知道現在的努力，會在將來的某個時候發揮什麼作用。就算你現在從事多不喜歡的工作，與多不友善的人共處，考試結果多不如意，你都要提醒自己：「明天」這兩個字，代表著全新的開始。

多數時候，我們確實無法在短時間內離開所待的環境；多數時候，你也確實無法讓討厭你的人對你改觀。不過，多數時候，你也有能力決定自己要用什麼樣的心態面對一切，要從什麼樣的角度計畫明天。

明天，永遠是個機會；當下，永遠是個起點。雖然並非只要行動馬上就有結果，也不是給自己信心就能克服一切，但關鍵是，你會因此找到成長的動力，讓今天的你跟昨天有一點不同。

對，只要有一點點不同就可以，每個今天都可以比昨天還好，每個明天都可以有更多希望。

永遠不要因為事情沒有結果就放棄，做一件事有想要的結果很好，但不是一定要有結果你的付出才有意義。

永遠不要被人說服放棄夢想，因為每個人走的路都不一樣，經過的風景都不相同，同一件事不同的人來做，就有不同的可能。

永遠不要因為討厭一件事就覺得那件事不值得做，美好的事情往往藏在困難的後面，這樣才會把不願意咬牙撐過去的人擋在前面。

記得，**不要期待問題會馬上消失，而要期待自己會因此變強大**。再怎麼遺憾的事，經過很多個明天也會變成沒什麼，只要不放棄成為更好的自己，有一天，問題就會變成不是問題；每一天，喜歡的生活都是在向你靠近。

最後，永遠不要懷疑自己，沒有人會知道自己的潛力到底在哪裡。給自己一個機會，雖然無法從頭來過，但可以重新開始。更好的結果或許不會出現，但更好的你，肯定會在接下來的路上遇見。

往遠方看，很多時候突破了侷限，後面就是期待的美好。

生活會給你打擊，但我們可以拒絕被打倒

艾·語錄

我們都會因為小事而抓狂，
偶爾因為塞車而煩躁，
因為眼前不順的事情而焦慮，
或是羨慕別人的成就而看輕自己。
這些都是人之常情，不用因此苛責自己，
接下來如何做才是關鍵。

不要就此放棄，現實雖然會逼著人長大，
但那是為了讓你看見自己喜歡的模樣。

我是在二〇〇九年離開上班環境，期間我一度想重返職場，放棄當自由工作者的夢想。如果當時真的回去了，或許我永遠不會知道自己有多喜歡寫作，也就不會有出版書的機會。

離職後的那三年我遇到很多挫折；跟人合作事業失敗，投資不熟悉的房地產，被原本信任的人欺騙，幾乎賠掉所有存款。雖然過往的投資收入足以支應生活費，但穩定性無法跟上班收入相比，何況我還有很多事情想做，很多夢想要完成。因此，我認真思考重新投入就業市場的可能。

「離開上班環境才兩年多，應該還是有公司要我吧？」給自己打了強心針後，就開始著手整理人力銀行的履歷表，同時搜尋職缺需求。看了一個下午，發現我的背景專業還是符合不少職務的條件。

「好在。」這是我的第一個想法。人在恐懼時，急於找到安慰自己的方法，是脫不去的本性。

「但是，這會是我要的生活嗎？」內心才平息沒多久，另一個聲音卻像倒進杯子裡的汽水，不斷湧現出泡泡，啵啵啵警告著我。

那幾天我過得焦慮，每天煩惱到底該如何選擇。飯是吃得下，但一直睡不好；白天醒著，卻是無意識的過生活。就跟很多人一樣，我來到看似熟悉卻又迷茫的人生路口，我不知道該選擇什麼，甚至想要逃避，我既擔心無法做自己想做的事，又擔心太晚回到職場。

當時我對自己感到失望，我想要往上爬，但現實卻一直把我往下拉。「如果我當初沒有離職，現在會不會比較好？」好幾天裡忍不住這樣想。

持續低潮幾天後，不知為何，我想起湯姆．漢克斯主演的電影《浩劫重生》，我一直很喜歡裡面的劇情。內容描述主角查克是如何在飛機失事後，一個人在荒島求生，從想死到想活下去的過程。

因為沒得吃穿，查克一度想放棄求生，後來漸漸學會了捕魚、鑽木取火等各種野外生存技巧，讓他可以安然的在無人島度過每一天，懂得欣賞只有孤島才看得到的星空，學習跟自己相處，甚至有能力打造木筏划離開那座島。雖然最後出海過程幾度快被打回岸上，途中又被暴風雨襲擊，但也因為他不放棄求生而存活下來，最終，一艘經過的貨船將他帶回文明。

回想起來，那時的我正困在自己堆起來的孤島上，我急著尋求解脫，卻也很想放棄。但想到電影中主角「不放棄」的劇情，我也試著思考上班以外的可能。我問自己：如果生活真的還過得去，何不再試試新的方法？也就在那時，我開始接觸到網路世界，學習如何架網站、經營網路品牌的知識。

當時，社群類型的網站才剛興起，網路世界的面貌跟現在截然不同，卻也有很多不需要太多資金成本就能增加收入的方法。在排除違法及騙人的方式後，我開始試著在網路上成立不同的知識型網站，解決別人可能也會好奇的問題，沒想到網站還真的因此有了流量，產生了額外的廣告收入，雖然頭幾筆收入只有幾百元，但我卻像賺到幾萬元一樣興奮，那種感覺好像是站在漆黑、寒冷的山上很久很久，終於等到一絲曙光。

對當時的我來說，真的像是看到太陽升了起來，雖然等待的過程無比漫長、痛苦。

有了正面的經驗後，我投入更多時間在學習網路知識，等我意識到時，才發現已許久沒關注求職訊息。隨著收入慢慢變多，我有更多喘息的空間，也讓我後來有動力成立自己的部落格，在毫無壓力之下寫喜歡的東西，最後挖掘出寫作興趣，幸運的遇到願意支持我、回饋我的讀者，幫助我被出版社看見。

這段路，走起來不輕鬆，卻鍛鍊了我的心智，過程描述只需要一千多字，卻肯定讓我記得一輩子。我體會到，**生活也許會用很多種方法試著打擊你，但同時你也得到一個機會，讓你變得比之前還要好**。人生這趟旅程，本來就是好幾座山谷相連，無論此刻是往上爬或往下走，只要不停下來，都是在前進。

面對困境，我們必須學會用正確的話來跟自己溝通，告訴自己壞事總是會過去，好事才有可能進來。如果不這樣做，當下只會被負面的情緒占據，而這並不能改變什麼。

其實，**努力不是爲了成爲什麼了不起的人，而是爲了成爲對得起自己的人。活著也從來不是爲了被誰看得起，而是要對得起自己**。只要盡了力，結果不好也沒關係；只要還願意前進，壞事遲早會過去；只要不被打倒，困難就會變成養分，讓你在生命的某處茁壯。

到最後，或許你也會發現，讓人回憶的不全是那些走過的路、排除過的困難，而是你當初願意比任何人還支持自己，所以才有機會去過想要的生活。

你一定要相信，就算生活給你打擊，也是為了讓你遇見更好的自己。人生，沒有走不出來的困境，此刻即使天空布滿烏雲，也不代表上面就沒有陽光。

累了，就休息。
找個地方坐下來陪陪自己，
在自己的內心開盞燈，
為自己的生活灌點氣。

結果只是一時的，你走過什麼才是一輩子的

艾・語錄

有些話要坦白的說，特別是對自己的真心話。
有些事要懂得拒絕，特別是只會消耗你的事。
有些人要用心在乎，特別是一直待在身邊的人。
不論是生活還是工作，
都會要面對不喜歡的事，扮演跟自己不像的人。
但也因為經歷過那些討厭了，
才會知道有哪些事情要特別珍惜。

不論做過還是錯過，都要用喜歡的自己努力去過，
因為直到有天回頭看，
那一定是自己最不後悔的樣子。

求學時的兩個經驗，在後來莫名的幫到自己。

第一個是學程式。學生時因為課業，我首次接觸到程式的概念，那時程式設計的工作不像現今這麼熱門，程式能夠在手機上應用更無法想像，所以當時對程式課程只求通過考試，不求能夠專精，反正將來的工作不是跟程式設計有關，上完課後也就沒興趣再鑽研。我以為這輩子不會再跟程式沾上關係，直到後來成立自己的網站，需要撰寫網頁語法，我才慶幸當時在課堂上學過程式。

另一段經驗也很巧妙。因為大學社團的關係，我需要剪接活動的音樂。當時對專業的剪輯軟體非常頭痛，設定複雜，對音樂的聲音波紋、音效的調整也不太能掌握，不過隨著練習也算摸到了皮毛，能夠把不同的音樂跟音效串連起來。只是畢業之後我再也不需要剪接音樂，直到我開始製作自己的影片，才訝異學過的剪輯經驗竟然派上用場。

很多時候就是這樣，做事情的當下也許找不到任何意義，後來卻在生命的某一刻感受到它的重量。這也是為何，以往我比較重視從結果中得到什麼，現在更重視從過程中學到什麼，因為每一個當下不好的結果，都有可能是將來變好的過程，每一次付出的努力，也都是在培養自己的實力。

雖然，做一件事並不是你付出多少，就能得到多少；也不是期待得愈多，成真的機會就愈高。只是希望你也能相信，堅持得愈久，喜歡的生活就離自己愈近。

這輩子，我們都要練習為自己打氣，不管去到哪裡，你都要做自己最大的靠山。心情上，無論別人對你說了多難聽的話，都不及你如何看待那句話更為要緊。工作上，無論埋怨多少次環境的糟糕，都不及你計畫離開那個地方還有幫助。生活中，無論遇到的煩惱有多大，都不及這個世界帶給你的遼闊還來得大。

不要放棄去尋找更好的自己，一定會有那麼一天，你曾經的堅持和努力，讓自己感動又驕傲。

準備研究所考試的那一年改變我很多，其中之一是扭轉我對閱讀的排斥感。

在不同的場合中，都會有人好奇我是如何培養閱讀習慣，能夠有毅力讀完一本又一本的書，還能寫筆記與分享心得。但我好像沒跟人說過，其實我以前是討厭閱讀的，除非看漫畫也算是種閱讀。

閱讀需要定力，但定力卻不是我出生時的原裝配備。小時候愛打電動、看漫畫，就是不愛閱讀。說到要拿起一本書從頭到尾讀完，次數少到不好意思提起；一年，頂多就一本吧。那時文字對我而言毫無魅力，覺得一行一行的黑字讀起來很單調，要一字一句看完簡直是種煎熬。總之小時候我幾乎不閱讀，到了大學也是要勉強自己才能把一本書讀完。

不過，在準備考研究所那年開始，一切都不同了。

為了考上理想中的學校，我有了生命中第一個明確的目標，那一年我每天花十二個小時讀書，其他時間就只是用餐、睡覺、通勤。當時我還不知道我正在培養「耐心做完一件事」的定力，直到進入研究所後，我可以整天待在圖書館準備課業，我才發覺自己的定力已經跟以往不同。從那以後，我能一口氣把整本書讀完的次數愈來愈多，也因為從書中體會到很多知識，從此就喜歡上閱讀，如今還跟我的工作有密切關係。

回想起來，如果沒有經歷過準備研究所的磨練，也許在這個分心時代我更是不喜歡閱讀，雖然我根本沒預料到會就此培養出定力，準備考試的當下更不是以培養閱讀能力為主，不過人生的彩蛋就是如此，**當你努力時，上天總是會偷偷塞進一個好事在你的口袋裡，直到有天你摸到它，覺得驚喜。**

有時候，我們會因為事情不如預期而難過好久，甚至會覺得自己的付出都是白費。反觀別人卻比較順利，別人資源總是比較多，別人輕易就得到自己想要的；都是別人，何時才是自己？

然而，**努力是奪不走的，回頭看看自己走過的路，就知道你遠比自己想的成長還多**。也許抵達的終點跟預期不一樣，但你也看到別人沒看過的景色。

生活，確實耐人尋味，因為它用各種方式來考驗人，只為了提醒我們要珍惜什麼；生命，偶爾讓人無力，因為它會丟出麻煩來阻礙你，迫使你停下來思考自己要的是什麼。

人生中的目標，每個人都不一樣，走得快，那就早點到達；走得慢，何不沿途好好欣賞。永遠不要看輕自己正在學習的東西，只要肯用心，有一天它就會回報你。只要不放棄，此刻你走的每一步，都是種得到，都是在累積。

如果只能寫一句話寄給過去的自己，你想對他說什麼？

不要後悔昨天，更不要錯過今天

艾．語錄

人一生，無能為力的事情有很多；
沒趕上的公車，沒複習到的考題，
突然失去的工作，來不及照顧的親人。
不論發生的當下或以後，都會讓人感到後悔。

然而，時間從來不會因為人的乞求而停下，
卻會不斷提醒人要懂得珍惜。
不停擔心已經發生的事，也只會錯過更多的美好。

在時間面前，我們都很渺小，
但在困難面前，我們都可以強大。
就算是邊哭邊往前走，你也是在為更好而堅強。

我是個喜歡計畫事情的人，矛盾的是，我的人生一直沒有照計畫走。

學生時我念的是電子工程，如今每天埋首寫作。讀研究所是為了順利找到工作，現在是為自己在工作。原定研究所畢業後服國防役，畢業前一刻決定改服義務役。上班時拚命加班希望盡快升遷，眼睛出意外後斷然放棄年資。離職後打算休息幾個月就找新工作，結果再也沒有回去上班環境過。人生出版的前三本書是寫理財，然後你現在讀的這本是勵志書。喔，對了，我最近開始學如何拍影片，錄起我在文字以外的世界。

是不是完全沒照計畫走？

不過我想強調，做計畫還是需要的，這點我在後面會跟你談到。我們先來聊人這輩子不斷要面臨的事：選擇。

選擇有多難？從飯後要吃什麼甜點、喝什麼飲料，到畢業後該選什麼職涯，工作不順是要離職還是繼續耗下去，伴侶不合是該分手還是再給彼此機會。每一個選擇都會影響自己，每一個選擇都有太多的可能。

而這個「可能」，就是最困擾人的地方。離職後不一定能找到更好的公司，下一個情人不一定更好，做自己喜歡的工作又不一定能養活自己。

人是短視近利的，並不是說每個人都眼光短淺，而是人類天生對目標的理解能力就是受限。對於將來，心理學家認為人們往往是用抽象的眼光去看待，縱使人可以具體描繪眼前想要的事情，但對未來的目標依舊感到模糊。

而選擇的好或壞，本身就是個未來式，又要如何簡單的選擇？

除了人生的選擇，感情路上我也做過很多蠢事。求學時談過兩段戀愛，前面提過在聯考前意外分手的初戀，如今回想根本是自己在鬧笑話。原先我是希望考試前半年能專心準備，所以提議雙方「暫時不要聯絡」，哪知這解讀起來就是個分手暗示，而對方也順勢提出分手，留下錯愕的我。

第二段的感情更蠢，我在明知道彼此之間出現第三者後，還選擇繼續示好，相信過去兩人的感情才是真的，希望對方能回頭。

是啊，這些都是一次又一次錯誤的選擇。

是啊，這些也是一次又一次往前的成長。

如果不是在感情上經歷一身傷，我不會知道能夠遇到珍惜自己的人有多寶貴，我不會學到要如何獨處，要如何跟自己的內心對話，我不會得到在心中原諒對方的勇氣，不會看到走出來後更美麗的風景。

工作也是，雖然我「換」過很多次工作型態，但每一次我都努力追求最大的累積，盡量學習能隨時帶著走的東西。回頭看，當時選擇服義務役不見得是好選擇，但我在裡面用心學到的管理技巧，現在還是很實用。當時若沒離開公司，或許就如願爬到管理職，但離開後的我，在那份工作學到的時間管理、解決問題的方式，現在還是有幫助。就連我在大學社團學到的編曲經驗，現在剪輯影片時也意外派上用場。

走過那麼多的變化，我後來漸漸體會到，**其實人生沒有最好的選擇，也沒有更好的選擇，只有認真的選擇**。選擇的當下，一定是充滿疑惑，但選擇以後，剩下的就是如何面對。結果如何沒人知道，但只要認真去活，就一定會成為更好的自己。

是人都會犯錯，這是百分百確定的。失敗、犯傻、錯失機會、說了不該說的話、信了不該信的人……人生偶爾就會遇到這些事，一旦發生時也經常讓人後悔，甚至從此失去往前的動力。

只是，沒有誰是完美的，就算做了最好的準備，事情還是可能朝意外發展，以懊悔收尾。重要的是，你要相信自己有成長的可能，而不是把自己淹沒在後悔之中，用各種壞情緒來否定自己，埋怨自己的過去，任由那些不好的人或事繼續糾纏你。

不要後悔，而是要計畫後續；不是放棄，而是選擇放過自己。每個做錯事的背後，都代表一個成長的機會，一段看錯人的經驗，也代表一次成熟的過程。努力與成長是不會虧待自己的，不用害怕重來，因為那代表全新的開始。

話說回來，計畫是否真的沒用？其實不然。我覺得計畫有兩個重要意義：找到想要的路，以及回顧走過的路。

處在當下，人多少會有一個想要的願景，這很激勵人心，卻也需要擔心。因為想要，所以會有更多動力活著，會為生命注入活力，會找到克服困難的勇氣。但也因為想要，所以今天看到喜歡什麼就往那方向走，明天遇到麻煩就決定放棄跳過，後天別人說什麼就跟著做什麼。

而做計畫，為的就是在你出發前，盡量看清楚接下來要走的路，先了解路上可能會遇到的困難，先準備如何面對挑戰的勇氣。雖然當你踏上計畫好的路後，才會發現大部分的問題事先都沒料到，但因為你已經做足了準備，剩下的不確定就可以交給努力去補。等到走過以後，也可以回顧之前的計畫，進而做出調整，學到經驗，在裡面找到成長的痕跡。

為最好做準備，為最壞做打算，發生了什麼就順其自然，這就是計畫的好。

面對不確定，多數時候，我們計畫成為更好的自己已足夠，少數時候，交給上天安排也沒關係。一路上，不要在別人的懷疑中放棄自己，也不要在別人的掌聲中失去自己。

海水會漲潮也會退潮，人生有好事也會有壞事，會遇到好的人也會遇到利用你的人。在時間面前我們永遠是個小孩，一直有東西要學。

如果遇到好事，就把它收起來當成回憶；遇到壞事，就把它記起來變成經驗。不管之前發生的事令人多難受，都不要因為挫折，忘了你有更好的選擇。

你可以怪罪自己，也可以放過自己；可以跟對方繼續糾纏，也可以讓自己繼續前進。

選擇成爲更好的你，因爲那才是時間給我們最大的禮物。沒有退不去的痛，沒有離不開的人，沒有不會醒的惡夢。只要不放棄，就沒有永遠的困境；只要相信自己，所有發生的事都會變成最好的安排。

關於選擇，今天就說到這裡，我還有很多跟選擇有關的故事要分享給你，我們在後面慢慢聊。

不確定的事總是比想像的多。
然而不論去到哪裡，都記得要帶著喜歡的日子一起流浪。

給過去的我

嗨，年輕時的自己，你是否正感到迷茫？我想提醒你，你現在的處境是最好的情況，也是最壞的情況。

最好的情況，因為你現在擁有無限的可能，只要你努力，不管做什麼事，進步的程度在我現在看來都會非常吃驚。你每一年的成長幅度，都有條件冠上「脫胎換骨」四個字。雖然你並不這麼認為，甚至覺得自己的進步與努力根本不值得一提，不過幾年後你會發現，你現在的努力對此刻的我們影響有多大。

不過，你目前也真的是處於最壞的情況。

對於未來，你是未知的；對於想做的事，你是沒把握的；對於別人的質疑，你是會在乎的；對於要放掉擁有的東西，你是很掙扎的。因為網路帶來的改變，科技將不斷改寫人們所熟悉的世界，所以每隔一陣子你曾經拚命去學的東西，就會漸漸被市場淘汰，而比你還年輕的人，會再帶著新的觀念來衝擊你，甚至是在你還沒發現前，就已經讓你看不到車尾燈。這個是事實，你愈早接受愈有動力繼續往前。

不過，正好，這也是我最想聊到的事，我多麼希望當初就有人提醒我；如果可以，你要多相信自己。我知道，因為你很認真想把事情做好，所以周圍很多人對你的成果都給予肯定，在旁人眼裡你就是個有自信的人。但我也知道，你一直抱著還有好多東西要學的心態，甚至覺得別人怎麼都比你還認真，所以你反而對自己不太有信心。

先預告，在某個時候你會認識到「冒牌者症候群」這一詞，它將解釋你看輕自己的原因。你會以為自己目前累積的成就都只是運氣好而已，跟你自己努力沒有太大關係。你覺得自己就是一個騙子，如果換成另一個人來做，不，是任何一個人來做，都會跟你有差不多的成果，如果站在跟你一樣的起點，大部分人一樣可以達成你現在的進度。

之所以會有這種「假貨」的心態，還有一個很大的原因：你總是忍不住想跟別人比較。

比較，是人類無法避免的天性，基本上也沒什麼不好，因為有比較才會有成長的動力。沒有比較，人類不會從成千上萬的物種中脫穎而出；沒有比較，不會知道自己有哪些地方需要改善。不過，如果一個人因為比較，把自己的努力都歸類於運氣，把自己的得到，都視為僥倖遇到，那就糟了，因為接下來就會開始否定自己的努力。

我還記得你是如何一路走到我這裡，也用了哪些方法否定自己：能考上研究所，是因為剛好複習到重要的觀念；在公司能很快升遷，是因為剛好是第一批進部門的人；會架部落格、網站，是因為剛好求學時被逼著寫程式；能出版第一本書，是因為剛好有很多人關注你。一切的一切，都只是剛好而已，覺得自己走的每一步，別人都有能力走，搞不好還走得比較快、比較遠。也因為你這樣不斷否定自己，你擔心若是遇到更困難的事情，自己的缺點就會曝露。你把當下目前的成就，歸因於僥倖、機運、意外、偶然，唯一沒想到的就是你的付出。

不否認，能夠擁有這樣的成績，確實需要點運氣，但那是因為幾乎所有的事情都跟機運有關。到後來你也會漸漸了解，沒有人可以確定最好的結果是否會發生，卻可以決定更好的結果能不能出現。

當然，你會希望一切的努力都有回報，但並非看不見回報就不值得努力。在你這個階段，通常會以為努力跟成果之間只存在一條直線，眼睛閉著往前走，結果就會出現在眼前。只是隨著成長你更會了解，每一件事的發展，都有陌生的蜿蜒，並非會照自己的想法走，反而是過去那些一開始沒想太多的付出，之後有了意外的回報。

有時候就是這樣，努力還需要時間來磨合，才能分辨出其中的價值。所以，你可不要看輕自己，現在的你並沒有想像中的差，也不要因為別人過得好，就對自己失望，更不要因為成果未達預期，就否定自己的努力。就跟參加馬拉松一樣，只要能撐過終點線，即使沒得名，在體力上也會有所成長。

努力的過程中，只要盡力付出，就沒有所謂的白費，只要願意成長，將來一定會比現在還好。也許當下還看不到成果，但只要你是朝更好的自己前進，那就無所謂成不成功，因為你肯定會因此成長。

年輕時的自己，我沿著記憶找到了你，細數時光下走過的路、越過的河、留下的每一道痕跡，只希望你不要放棄，因為我們就是有那段堅持的過程，所以才有今天喜歡的生活。

PART 2

自己的事

不用因為其他人說了什麼，
就改變看待自己的方式。

相信自己不容易，相信批評卻很簡單

艾．語錄

很多事都是相對的，你比討厭的人還脆弱，
對方就會不斷來找你麻煩；
你沒辦法比困難還頑強，
周圍自然會出現更多的困難。
比找你麻煩的人強大，不代表就要比對方強勢，
你該做的，是無視對方的擾亂，
將對方的行為，當作早晚逝去的人生點滴。

好好去過自己的日子，好好去經營喜歡的生活，
別人愈是興風作浪，你愈是雲淡風輕。
你很快就會看到的，
那些人，其實比想像中的還脆弱。

當一個人的熱情，因為被不用負責的一方潑冷水而熄滅，我認為是很可惜的事。

也許是害怕工作被搶走，或是自己做不到又見不得別人好，有些人總是企圖澆熄其他人的熱情。表面上也許是為人著想，實際上你一定感受得到酸意，畢竟給人建議跟潑人冷水雖然只有一線之隔，卻也沒那麼模棱兩可。遇到這種人，你不用在生活裡刻意躲避他，但一定要試著與他隔離，因為人生是你自己的，夢想是你渴望的，跟對方沒有關係，他用言語打擊你不需負責，但造成的傷害是你在承擔。

我不會衝浪，只是每次看到影片中衝浪選手做出驚人的動作，都覺得不可思議。雖然只有短短幾分鐘的表演，想必他們經過很長時間的練習。紐西蘭一家專門研究運動效能的機構就統計過，衝浪選手在他們的運動生涯中，只花百分之十的時間在「衝」浪，其他時間都用在划水、起乘、等浪。

如果拿一個人打拚的四十年來比喻，等於發出光芒被看見的時間加總不到四年，其他三十幾年都在潛沉、準備，與失敗、不順、低潮相處。可想而知，達成目標的過程中，大部分的時間你的努力在旁人眼裡是虛度的；也可想而知，你因此就放棄有多可惜。

當然，衝浪無法跟人生完全對比，耗掉的時間肯定有出入，每個人要克服的困難也有所不同，不過意義其實是一樣的，人會發光通常是一瞬間，其他時間則需要不斷在別人看不見的角落準備。在還沒出現成果之前，你也必須花很多的時間對抗別人的風涼話，直到讓他們再也說不出話。

這世界沒多大，卻塞進了好多人，我們的內心其實很小，卻混了太多聲音。當你做的事情跟周圍的人不一樣時，不看好的比例總是取得壓倒性的勝利。

然而，每個人的人生，都有自己專屬的時間，也都有自在的節奏。一味的跟著別人走，永遠只能去到別人想去的地方，堅持用自己的步調走，沿途才會看到想看的風景。

生活中難免遇到一些人，聽到別人的夢想就先看衰，看到別人的熱情就先潑水。誇張一點，發生在別人身上的好事，對他來說都是種炫耀；只是單純分享好消息，在他眼裡就是擺高姿態。

其實，這並不奇怪，因為除非是深交的朋友，多數周圍的人不會知道你做一件事真正的理由是什麼。**大部分的人也只會關心你走得多遠，而不會在乎你走得多累。當事情還沒有成功前，批評本來就比欣賞容易許多。**

不同的成長環境，就會有不同的價值觀，有人喜歡你，當然也有人討厭你；有人看好你，當然也有人看衰你，同一件事本來就會有很多種解讀。這並不是負面的想法，認為沒有人值得相信，而是提醒自己，每個人都有一套看待事情的方法，遇到不同的意見不用意外，遇到相同的理念更要特別珍惜。

也因此，當你遇到別人潑你冷水時，不用急著表示什麼。對方若是刻意，那就是在等你沮喪，對方若是無意，提著冷水的習慣也不是你說改就改得了。

選擇沉默，並非代表不知道該如何回應，或是壓抑內心的聲音，而是知道只有同樣用心的人才能理解那些付出，當下再多的解釋，也只會模糊掉做那件事的意義，甚至抹黑掉實際的成果。有些事，終究只有走過的人才能體會，畢竟人前的成就誰都能注意到，但人後付出了多少努力，只有不放棄的人才知道。

無論如何，你都要比誰還相信自己，而不是一被批評就懷疑自己。因為只有你知道為了踏出那一步自己付出了多少，為了走上那條路又犧牲了什麼。人一輩子最珍貴的是自己的時間，最要保護好的是心裡的空間，這樣才有時間去追求更好的人事物，有空間放入自己會喜歡的事情。

多相信自己，給自己更多的肯定，雖然沒有絕對成功的事情，但只要不放棄，你的心一定會帶你到想去的地方。有一天你會對自己驕傲的，在這難懂的世界之下，你清醒的用著喜歡的方式去過。

先相信自己，才有可能變成期待的自己。

你可以貼心，但不要去貼別人的冷屁股

艾·語錄

生活中需要學著與人相處，
但也要知道不是所有人都值得相處，
有些人你對他們愈客氣，
他們就對你愈不客氣；
你愈努力的討好，
他們就愈無情的利用你。

懂得包容，或許是種成熟，
但學會必要時板著臉，才是真的成長。

有一段時間，我覺得「配合」在人際關係裡很重要。或許是為了快速融入群體，我會試著觀察別人喜歡什麼、在乎什麼、討厭什麼，然後盡可能不去抵觸那些事。

原本，我以為只要這樣配合著別人，將來我有需要時對方也就會配合著我，友情就能這樣維繫下去。直到有天我被朋友怪罪，當面指責我背叛、數落我無信，沒有在他需要時出現在身邊，我才訝異之前的付出在對方眼裡有多廉價，而我期許的長久關係又是多麼天真。

人與人之間有時就是如此充滿困惑，當你戴著面具跟人來往時，有些人覺得你很好相處，可是當你帶著真實的那一面出現時，很多人反而選擇離開。

那一晚，朋友的那一段話，當下我聽得難過，但更難過的是，我因此自責與內疚。畢竟，那時我獨自一人去到全新的環境，周圍連空氣聞起來都很陌生，我需要適應新的生活，需要建立新的社交，更需要克服新的困難。在面對不熟悉的事物時，誰都希望有熟悉的人在身邊，可是新環境將我跟朋友群切離太遠，我必須自己面對。

發生被怪罪的事情後，我跟這位朋友見到面的次數愈來愈少，朋友聚會時彼此也不自覺迴避，直到今天已沒在聯絡。此刻想起，我心中還是有點鬱悶，若是可以重來，或許我會試著去修補當下出現的裂痕，但很多事情就是無法重來，時間並不允許人收回曾經做過的事。

不過，時間卻可以讓人成長。

如今，我還是會配合別人，但前提是我允許自己那麼做，而不是為了討好別人、委曲求全。

也因為有了那一次深刻的體會，我也更懂得尊重別人的不配合，畢竟一個人的配合，用掉的是原本他自己的時間。而時間，對每個人來說都是無比珍貴的資源。

雖然不常遇到，但發生時總是讓人在意；無論工作或生活中，偶爾就是會碰到有人表面希望大家多配合，其實是為了成就自己的事情，或是拉著大家彌補自己犯的錯。

要知道，在這世上沒有誰的時間應該隨便被浪費，如果把時間看成生命，我敢說沒有人的時間是多餘的。之所以會願意犧牲自己的時間晚下班，等待某人、某事，或是額外幫忙處理，多少是希望事情會因此變好。

一個人的配合並不是屈就，一個人的好說話也不是真的好欺負。如果一再把別人的配合當成應該，之後就不是不再配合而已，而是根本就不想再理你。

相對來說，我們也要學習拒絕不斷被人消耗。要拒絕別人，一開始都會不習慣，不過只要多練習幾次，就會知道有多值得。雖然，那樣的你看起來會比較冷漠，但其實是學會把熱情留給真正在乎自己的人。這不是看破了，而是看懂了，就算拿出最好的一面，還是有人會挑剔缺點，所以不如用自己喜歡的樣貌活著。

其實，只要不是刻意傷害別人，誠實的喜歡自己並沒錯。重要的是，別硬要去做好人，過度的偽裝都是逼自己討厭人生。因為你並非壞人，所以擔心做出回絕是給對方難堪，但你要知道，一個人把太多不屬於自己的東西背在身上時，連讓自己快樂都會覺得是奢侈。**善良本身並沒什麼問題，但如果想嘗試在每一處都要做個好人，你只是在逼自己討厭自己。**

該配合的就配合，不該配合時練習說不，特別是你在生活中也需要喘息的時候。回絕時，也別拿內疚壓著自己，如果一個人要求你去做原本就不屬於你應該做的事，對方因為你拒絕而生氣，問題並不是出自於你。強迫自己去滿足別人無理的要求，終究是浪費太多時間，在只想消耗你的人身上。

對一個人友善很好，前提是那個人也懂你的心意，如果對方只是想利用你，想要你單方面的配合，你的當面回絕已經很客氣。

在這世界上，原本就存在許多難以理解的事，我們能做的就是讓自己變強大，周圍的問題才會變渺小；練習讓自己忽略一些事，時間才可以幫你忘掉不好的事。

有一天，你會跟自己說的，感謝過去的自己原諒了一些人，看淡了一些事，所以才有機會在後來遇見更好的人，活出更完整的自己。

不論在別人眼裡是樂觀或悲觀，個性是內向或外向，
那都是你最真實的樣子，是你應該喜歡的自己。

你那麼在意別人，無非是太少關心自己

艾・語錄

或多或少，每個人都會有一陣子常想著，
自己是否不適合處在這樣的世界裡。
直到有天懂了，或被傷透了，
並非自己不適合處在這樣的世界裡，
而是雖然我們都活在同一片土地上，
每個人心裡的世界都不一樣。

但願你也相信，
喜歡自己，不代表就是討厭別人；
優先以自己的未來著想，跟自不自私也沒有關係。
我們終究是用自己陪著自己走完一生，
無論結局如何呈現，用喜歡的方式去過就行。

寫作讓我體會到的一件事：一個人再怎麼了解自己，還是有很多地方跟自己不熟。

自大學以來，多數朋友都覺得我是個樂觀的人，雖然我常因為思考畢業後的事情顯得多愁善感，但之後都會主動找方法應對未來。關於將來要做什麼事，要去哪些國家旅遊，要成為什麼樣的人，要存到多少錢，學生時就有很多想法，雖然計畫的目標看起來遙遠又不切實際，也不知道該怎麼選擇，不過那段時間我感覺自己無所畏懼，對於未來感到一片光明，認為只要我想要，事情就能做到。

那時的我，確實樂觀。

然而，後來歷經職場中的迷茫、與人合資事業失利、被原本信任的人中傷，我愈來愈常陷入低潮，走出來的時間也愈來愈久。我漸漸懷疑，自己以往的樂觀都是裝出來的。

那陣子，我像是一顆被戳了洞的氣球，洩氣速度快到我連反應都來不及，等意識到時只剩皺巴巴的表面，卻已無力再灌氣。我對未來不再那麼有把握了，我對熱衷的事物不再好奇，假日愈來愈不想出門，吃飯愈來愈覺得無味。

接著，我的睡眠狀態也出了問題，作息跟著變得不穩定。原本還很驕傲的「十秒入睡」，開始變成十分鐘才能入睡，然後是半小時，甚至是一小時，好不容易入睡後沒多久又清醒，直到入睡前又是漫長的等待。睡眠不足非常困擾人，因為白天精神不濟會影響做事效率，無法完成事情又導致晚上更焦慮。

察覺到睡眠品質變差後，我才驚覺這樣下去不是辦法，隨後嘗試好多種方法，運動、打坐都有短暫的效果，卻無法徹底改善。那時覺得有點無力，也做好準備接下來的人生都是這樣。

奇妙的是，當我這樣一想，事情卻開始變得不一樣。

也許是接受現況了，我反而不再強迫自己要趕緊擺脫低潮的情緒，不再怪罪自己為什麼要有負面想法。用比較輕鬆的心情看待後，夜晚入睡時聽到的噪音也比較不刺耳，事情不順時也不會一直埋怨。如今回想起來我好像做了很多事，但其實並沒有，我就只是關心好自己而已。

關心好自己，是一件容易被忽略的事。因為被工作的繁忙遮蔽眼睛，所以看不見周圍美好的事情；因為被生活壓得喘不過氣，不斷掉進迷茫的漩渦裡。

然而很多時候，**我們確實需要外在的事情來肯定自己，但更多時候，我們需要的是學會喜歡自己的一切，學會傾聽自己的聲音。**

人生偶爾就是會遇到還無法解決的難題，雖然當下會感到無力、沮喪，但也不用強迫自己找到方法面對。事情無法解決，有時候是能力的問題，需要學習更多知識才可以找到答案。可有的時候卻是時間的問題，只能交給時間去處理，當下缺的並不是解決的方法，而是讓它在心中過去的方式。

如果你正在擔心某件事，一直在尋找答案，卻發現自己始終走不出去，此時不妨試著遠離它一會兒，將它擺在一旁不管。做點會讓自己開心的事，找一些拿手的事來提振自己信心。習慣獨處的人，就找個角落好好跟自己對話，用一首音樂或一杯熱飲，溫暖自己的心；需要朋友的人，就走出去找個會在乎你的人聊聊，有時候，光是能夠與朋友聚在一起，就能找回快樂的那個你。

暫時不管它，不表示你懦弱了，而是你允許自己還有進步的空間。

多關心自己，成為自己最好的依靠。即使這世界再怎麼複雜與難理解，我們都值得用喜歡的樣子開心活下去。

強調一下，有些人會以為關心自己是種自私的行為，一點也不。因為一個人要先把自己照顧好，才有餘力照顧所愛的人，先關心自己的需求，才會有動力關心別人的需求。

畢竟，沒有人可以一直往前走而不休息，也沒什麼事情真的撐不過去。對生活狀態茫然，對未知的事焦慮，這些都只是暫時的情緒。泡杯熱飲，讀本好書，坐下來好好的跟自己對話，就能漸漸把躲起來的那個自己給找回來。

至於什麼時候要多關心自己？我的心得是：當你每天笑的時間少於難過的時間，就是該注意的時候。

人的心跟身體一樣，都是會累的，也都是需要休息的。如果有件事一直卡在心上過不去，你需要的不是把它抓得更緊，而是放開它，讓事情過去，讓自己也過去，找回想要的開心。**把重心拉回到自己身上，並不表示你就忽略了其他人，如果一個無力到連自己都拉不起來的人，也不可能有能力拉別人一把。多關心自己，少在乎別人如何看自己，也別再用過得多苦來證明自己的堅強。**

面對難題，我們需要的不只是解決眼前的事情，更是解開心中的糾結，如此才會用不同的角度看事情，用更好的方式，往更好的明天前進；用喜歡的自己，活出喜歡的精采。

不要累到失望了，才開始想起要善待自己

艾・語錄

討厭你的人，會看到你最差的部分；
喜歡你的人，會看到你最好的部分。
任誰都有缺點，每個人都有天生難以克服的個性，
一個人想在每個人面前都表現到最好，
很累人，也不可能。

在這世上有多少眼睛，就會有多少角度去看事情，
我們無法決定別人怎麼看待自己，
能決定的只有做好自己。

記得，對討厭你的人應該做的事，是成為更好的你；
對喜歡你的人應該做的事，是用心去珍惜。

隨著成長，認識的人變多，我也愈來愈能理解這個道理：每個人對喜歡或討厭的感受並沒有標準。好比再怎麼熱門的推薦美食，也可能吃完以後才知道是自己的雷區；引起廣大迴響的電影，也可能看完以後毫無共鳴。

不過，人對美食、電影的評價原本就很主觀，比較能接受自己與別人的不同，但如果是跟人際關係有關，評斷的標準就變得模糊。很多時候，我們會把自己的不喜歡，視為自己跟別人不一樣，擔心是在拒絕別人。

其實，喜歡跟討厭通常不是絕對的，而是相對的。

好比討厭你的人，有時不是你阻礙到他什麼，而是你身上擁有他渴望的東西；喜歡你的人，也不一定是你幫助到他什麼，而是在你身邊可以讓他開心做自己。

我們身邊總有些難以形容的關係，誰會喜歡你，誰又討厭你，並非全由自己決定。

關鍵在於，我們應該好好把握那些在乎你的人，而不是想辦法讓討厭你的人認同自己，想辦法去迎合那些只想消耗自己的人。

畢竟，維持原本的你去做喜歡的事，你會找到一群跟著你開心的朋友，可是偽裝了自己去配合討厭的人，你得到的只是對方有條件的關心，哪天你做回原本的樣子，他們還怪罪你只在乎自己。

不要去期待討厭你的人有天喜歡你，你愈期待對方的改變，對方愈可能用討厭的方式繼續對你。

然後你會很累。

討厭，喜歡，冷漠，在乎，這些都是情緒，而情緒，總是在不知不覺、不知何時就從心底某處冒上來，它可以被感染，但很難會因為某個人而徹底改變；一個人並無法控制另一個人要用什麼情緒來對待自己。

這也是為何，與其等待別人從討厭你變成喜歡你，不如先改變自己的心態，不再委屈自己處處去配合別人。

人生，如同大海上的帆船，決定前進或後退的不是風，而是如何控制帆的方向。所以，不要為其他人怎麼看你而煩惱，卻忽略了最重要的自己。如果你不能改變別人的想法，那就先改變自己的看法；如果你不能改變風向，那就先改變自己的航向，遠離那些只會消耗人的地方。只要願意，每個人都有能力擺脫不喜歡的生活，找到喜歡的人生，前提是你不能再讓自己陷下去。

沒有什麼事情是過不去的，看似過不去的，或許原本也就不屬於你。生命中出現的每件事都藏著意義，它有時會給人信心，有時則會給人教訓；有時會讓你覺得很幸福，有時則會讓你覺得很辛苦，不變的是，它一直在推著我們往前。

人與人之間，矛盾又糾結，在乎你的人通常在乎你的所有，討厭你的人通常討厭你的全部，因此把自己做好比較實在。喜歡上現在的自己，自然會有喜歡你的人在身邊，陪著你一起喜歡這世界。

他們把話說得難聽，不就是要阻止你前進

艾・語錄

不用在意別人的批評，
因為你生氣了，會被說開不起玩笑；
你不吭聲，又會被說沒出息。

一個人過得好不好，只有自己才知道；
想過什麼樣的生活，也唯有自己找得到。
如果你一直成為別人喜歡的樣子，
又如何找得到自己喜歡的人生。

好。

批評有分三種：真心為你好、單純看不下去，看見你過得不好他就覺得很

除非生而幸運，神經粗到別人說你壞話都沒感覺，箭都插滿全身了還不知道痛，否則身邊總會遇到習慣指點別人的人。有些人是真心為你好，有些人是不說出來晚上睡不著覺，有些人只想刷一下存在感，字語間並沒有帶著惡意。但偶爾就是會遇見把你的存在當作威脅的人，他們的方式就是想辦法中傷你。

無端被攻擊當然痛，畢竟你也是認真在過生活，但其實讓人更痛的，是因為原本選擇善意不回應，背後卻被某些人視為懦弱，同事耳語之間反而流傳更多真假不分的壞話。於是，連自己也開始相信那些批評，漸漸在心中種下自我否定的苗，任憑蔓延。

遇到不懷好意的批評，誰都難免痛苦，誰都難免失落，誰都想早點掙開惡意中傷的束縛。然而，要脫去別人套上的束縛前，一定要先解開自己給的枷鎖。畢竟，**別人給的傷害只是一陣子的，自己給的傷害卻是一輩子的**。當你選擇努力變好，那些不真實的話自然會慢慢消失，有天那些閒話將變成只是屁話；若你放棄努力，接受眼前的無奈，那些人反而會繼續用言語數落你。怕就

怕，這輩子花掉太多時間去澄清自己，卻也沒了時間好好認識自己。

要知道，愈是努力的活著，愈有可能遇到打擊你的人。別再浪費時間去在乎那些莫名的事了，**生活肯定會遇到阻礙，負面的聲音一直都存在，我們能做的，就是要練習看見自己的好，成爲能夠陪著自己往前努力的人**。與其活在別人的不認同之中，不如在學到教訓後拉自己一把，用更好的自己去否定別人給的否定。

面對批評的話，不須費力埋怨那些人為何要如此說自己，若是一開始即陷入被害者角色，很容易就走不出來。凡是批評的話都不可能好聽，重點還是在內容的真實性，以及是否針對事，還是只想針對你。如果針對事情又不帶著惡意，反倒不用視為壞事，只要你願意接受並從中學習，將來的你只會更好。

會任意評斷別人，有些人是不小心，不過，也有些人是很刻意，選擇用忽視回應那些不實，代表你不希望因此有紛爭，但可千萬不要就此停下來不再成長，因為他們最想要的就是你從此不敢往前。

持續朝你希望的方向走就是，不反擊不代表你接受對方的批評，你只是知道那些批評跟你的未來沒有關係，讓自己活得更快樂、更自在就是最好的反擊。

若實在氣不過想跟對方硬碰硬，記得，不要因此傷及無辜的人，也不要因此失去更多人的信任，更要小心最後落入無限迴圈的計較裡。把話說清楚，用事實去證明，也許做出反擊後的你會難過，厭惡自己那樣的行為，但也是因為你始終保有善意。

無論別人如何看扁，只要是用心過生活，你的努力就一定有存在的價值。**覺得自己好，比別人覺得你好，更該關心；讓自己開心，比別人帶給你開心，更該重視；跟自己說要繼續努力，比別人跟你說何必那麼努力，更該在乎。**只要是願意認真過生活，人就沒有高低之分，願意認真看待本身的工作與將來，際遇好或不好都是種優秀。

人生，是自己的，只有你能決定未來長怎麼樣，不用從別人的眼裡去尋找自己的樣子，也不用一聽到批評就氣得跳腳。儘管往前努力就是，那些帶著惡意處處批評他人的人，其實是在內心否定自己最嚴重的人，因為見不得人好，最後只能活在不斷批評的負面世界裡。

與其隨波逐流的配合，不如順其自然的努力

艾·語錄

不是做每件事，都需要跟別人解釋，
別人開口問是想知道原因，
但自己不想說也不需要原因。

人類生活需要靠群體，但不代表就要有小團體。
不要因為自己跟別人不同，
就放棄想要的生活；
也不要因為別人跟自己不同，
就批評對方的人生。

聊一個當兵遇到的故事。

在營區裡要做好自立自強的心理準備，因為部隊經費有限，而且外面廠商進入營區要經過重重申請，所以民生雜事能夠自己解決就要自己來。其中，特別棘手的就是做木工。

對，你沒聽錯，我們需要做木工。

為了維持美觀，部隊環境需要定期修繕，我也因此學會如何鋸木頭、裁木片、釘木板。不過畢竟是趕鴨子上架，所以每次把這些木材組裝起來時，整體看上去就像恐怖片中廢棄的木屋，這邊斜一片、那邊補一塊的，如果背景搭配驚悚音樂，簡直可以開放當鬼屋。不美觀，但長官知道我們不是本行，督導時只求符合基本功能就好。

幾個月後，隊上補進一批新兵，其中一個人擁有木工經驗，大夥見獵心喜！喔不，是覺得慶幸，樂得把這些木工活都指派給他。

做一件事就是這樣，沒有錯的結果，只有對的方法，他裁出來的木片就是特別整齊，速度也特別的快，一個人、數小時就做完好幾個人才能處理的木材，釘上去後也是整整齊齊。我們曾經有個重點專案是要整理營區附近的草皮，在他的巧手之下搭建出大小一致的圍籬，再漆上白色油漆，看過去還真像西洋電影裡的場景，不再恐怖，而是優美的花圃。

想想，同樣一件事交給不同的人來做，就是會有不一樣的結果。就跟生活中同樣一件事過了幾年後再回頭看，心態也會很不同。

關於這位士兵，就先稱他為小凱吧，我們在成長背景、求學環境方面都截然不同，若不是在軍中相遇，彼此在生命中也很難產生交集。但畢竟彼此的身分都是義務役，雖然表面上我是他的排長，實際上我們都是進來短暫服役的過客，一年後大家回到社會上並沒什麼差別，所以有空檔我就會跟他多聊天。比較熟之後，聊的話題也從他的經歷，進入到他過去的生活裡。

某次休假結束，他很感嘆的跑來跟我說：

「排長，你有看新聞嗎？」

「沒特別注意耶。什麼新聞？」

「有一個討債集團被抄了啦！你知道嗎？如果我現在不是在當兵，被抓的人應該是我吧。」

「！」我一臉詮釋著驚嘆號。

那一晚，小凱跟我聊到他那段過去。因為來當兵，所以組織裡的位置被取代，卻也躲過這次的事件。

其實故事聽起來說不上特別，跟新聞裡看到的社會事件差不多，倒是那些畫面的距離感變得好近。他經手過很多的不良債權，年輕時度過許多個打殺的夜晚，接觸過毒品等不少違法的事情，不過也許我們身上穿著同樣的迷彩服，我感覺就是在聽一個朋友，說著以前的日常。

他也坦承，看到新聞後讓他思考更多未來的出入，或許老天正在給他機會，所以他希望退伍後能找一個比較「正常」的工作。這次在軍中做木工的經驗，受到部隊的肯定也給他很棒的感覺，或許就會先從這行業開始。

小凱來到部隊的時間比我晚很多，那時我的役期只剩幾個月了，所以實際上相處的時間沒有多少，平常放假也各自回到自己的生活圈，退伍後當然也就沒有後續。只是偶爾我會回想，如果當初知道小凱那些牴觸法律的過去，我還會找他擔任部隊上的木工職嗎？或是我會因此對他特別防範？我也因此體會到，不要用一個人的過去，看待他的現在；自己更不能因為過去，而否定自己的將來。

是人，都習慣以偏概全，這是我們大腦的天生機制，必須在短時間得出一個看似合理的結論。然而，這樣的思維慣性也很容易讓我們誤判一個人，或是誤解別人是錯的。

當然，如果是遇到人身安全上的危險，還是保守看待別人的行為比較能保護好自己，只要不是戴上有色眼鏡去看對方就行，但如果是從偏頗的角度去評斷別人就不好，也可能因此強迫別人做不喜歡的事。

好比群體生活中，偶爾會遇到「配不配合」的問題，不配合的一方通常也承擔了多數人給的壓力；擁有什麼東西卻不分享，被人說好小氣；心裡有話不說出來，被認為有距離；別人都同意你卻不參加，唯獨你不合群。

並非合群不重要，人類的生活基礎是建立在群體之上，互相配合是應該的，但那是在需要彼此共存才能完成事情的時候，比如運動比賽、團隊專案、結婚典禮。至於生活中屬於個人意識的行為，不想參加、不想做、不想給，就只是剛好不想而已，無須再貼上其他的標籤。

另外，我們也不要因為自己過去犯的傻，就放棄自己的未來。

每個人的過去都有迷茫，但每個人的未來也都有機會。過去的就是過去了，不會因為你後悔當時的選擇，或是流了多少的眼淚，事情就會以你想要的方式重新來過。還沒到的就是還沒到，不會因為你特別著急，或是強行索取，原本不屬於你的就屬於了自己。

面對過去那些不好的事情，我們都要學會看淡，這樣才有力氣祝福自己擁有更好的東西。等待還沒到的將來，我們都要學會過活，在生活中照顧好自己，而不是讓得失心控制了自己。

其實，不論是想要的得不到，或是得到的不想要，那都是你現在最真實的樣子。與其埋怨現況，倒不如接受現況，只要你是努力走好當下的每一步，接下來會去到哪裡就順其自然。

能夠接受脆弱的自己，就是人最強大的時候

艾．語錄

累，代表你正在努力，但也代表你需要喘口氣。
為了喜歡的生活、更好的未來，
你是要努力讓自己變強，但不表示就該逞強，
適時的休息才會有力量繼續前進。

不用怕看到自己脆弱的一面，
因為脆弱不是軟弱，
而是知道要讓事情與心情先過去，
才能找回力量照顧自己。

只要不是真的停下來，
別擔心，早晚會到達目的地的。

你討厭自己是脆弱的嗎？我曾經討厭。

也許是這個社會固有的觀念，或是從小到大不斷被貼上的標籤，我們愈來愈不允許自己有脆弱的一面，取而代之的是更多的偽裝，以及更多的被迫。從刻板印象來說，不論是男性要承擔的社會壓力，或是女性要承擔的家庭壓力，似乎都在出生以後就確定，隨著時間推移，也只會變得愈來愈沉重。到後來更養成一種心態，當自己的行為無法達到某個角色應有的標準時，就會不斷否定自己。

然而人生只有一次，這代表我們也會有很多的第一次。第一次面對升學的壓力，第一次跟喜歡的人表白，第一次被人背叛，第一次應徵工作，第一次不是跟親生父母過年，第一次當父母，第一次扛起全家的經濟，第一次面對重要的人死去。

既然是第一次，誰都沒經驗，更不應該拿世俗的標準來衡量自己。畢竟人生都是獨一無二的，一個人的喜歡不應該就是另一個人的喜歡，別人的人生進度也不應該是自己的進度；每個人活著都有自己的年限，與時間錯身的速度又怎麼會相同？

可是，這個社會看待人的方式，卻是不斷用同一個標準去衡量不同的人，何時該找到工作，何時該買房子，何時該結婚，何時該有小孩，也因此，多數人在白天努力扮演大家想看的那一面，晚上獨自承受面具底下的不開心。

堅強慣了，隨之而來的是忘記自己可以有脆弱的一面，不再把情緒發洩出來，總是擔心別人如何看待自己，不願意接納自己真實卻脆弱的一面。

但你可知道，承載著石塊的熱氣球，是飛不上天的。

很多時候，一件事情會不斷壓在心上，是因為把發洩看作不成熟的行為。然而，縱使面對外界需要偽裝，我們仍然要學習用真實的自己，去傾聽內心的聲音。

不論現在有什麼事情困擾著你，若是暫時無法承受，就不要勉強去承受，畢竟不是只要表現的很堅強，事情就會遂其所願，某人就會轉變態度。

允許自己有脆弱的一面，爲的是給自己有喘息的空間。不論生活或工作，都不用勉強去成為面面俱到的人，照顧好內心的世界才是需要的，給自己多一點關心，人生才會多一點開心。

反過來說，也別因為一個人堅強，就覺得他禁得起一再受傷，更不能因為一個人常笑，就以為他的世界沒有淚水。

每個人的心，都是肉做的，沒有人可以一再受到傷害還不覺得痛，也沒有人因為習慣笑就不再難過。有時候，愈是堅強的人，背後有著愈深的疤痕，經常笑的人，或許只是不想讓人看到曾經的傷。

我們要學習善待別人，也要學習善待自己。一個人堅強久了，往往會穿上太厚的盔甲，忘了自己其實可以脆弱；因為笑習慣了，就忘記淚水可以帶走很多不好的情緒。

不要強迫自己去承受還無法承受的事情，也不要把別人的堅強當作可以傷害他的理由。每個人都會有自己才懂的過去，都有不願再碰觸的時光，如果暫時無法理解，至少可以互相體諒，如果依舊無法提起，至少先選擇放下，就跟熱氣球要升空一樣，拚命灌氣的同時，記得先把沉重的石塊丟下。

多數時候，脆弱只是暫時的，我們也沒有自己想的那麼脆弱。

現在還過不去的事，也許只是需要時間成長而已。面對這世界我們是需要堅強，但真正的堅強不是無時無刻都在武裝。偶爾放縱自己沒關係，但別因此放棄而不再往前走，放棄那個為想要生活而努力的你。

給自己一點空間喘息，做點平常不讓自己做的事，讀點平常沒時間讀的書，提不起勁就放心讓時間流過去，讓它也順便帶走壞的事情。很多時候我們想找回快樂，需要做的就只是接受過去的自己，還有喜歡自己現在的樣子。

生活，有時確實會把人折騰到快認不出自己，只爲了讓我們認清自己喜歡的樣貌。別害怕因此看起來不堅強，脆弱並不是軟弱，更不是懦弱，允許自己有脆弱的一面，就是給予自己往前走的機會，做自己最大的支柱，撐過前方的顛沛流離。

休息過後，別忘記再出發就行，**你一定能成爲更好的自己，你一定要如此相信**。

不要去逼人開口，很多心事無法再透露，或許是已被時間上了鎖。

那年我二十歲……

跟許多人一樣，我在二十歲時，也覺得三十歲以後是個距離自己很遠的事。很多當時的迷茫，現在回頭看就如相機鏡頭在對焦，漸漸從模糊變清晰起來。也才知道，許多當時以為的永遠，如今看來像瞬間一樣短暫，而有些瞬間卻不斷陪自己走到今天。

其實我自覺慶幸，在二十歲時談了一場不算成功的戀愛，在過程中以各種理由試圖挽回，卻折磨到自己。但也因為有這段經歷，才能在電影中看到主角的心被愛情撕裂時，同樣痛徹心腑。也才因此從放棄自我的狀態中，學會如何放過自己。

也是在那時，我了解到友情的好。

那通電話，是我明確感受戀情從心中被扯掉的一刻，所有的猜忌、懷疑、自我否定都在電話掛掉後從心中爆發出來。我不知道還可以相信誰，不過朋友的出現告訴我，願意支持自己的人總是比想像還多。

有些人，以為會認識很久，可是才一轉身就變得陌生；而有些人，以為只是過客，但不知不覺就陪自己走過很多曲折。這是我從那一刻開始懂的。

聽到分手消息後，當晚朋友陸續來到身邊，我像是要麻痺自己，喉嚨用最快的速度吸光眼前幾罐啤酒。一個陽臺，幾個男生，大家不發一語，只靜靜聽著我用啜飲聲取代哭聲。我多高興自己的酒量沒有很好，沒多久我幾乎不醒人事。隔天醒來，我希望前晚的事情是假的，但心裡的痛告訴我那是真的。

痛，真的很痛。

但，好在，痛是會好的，就算是習慣也好，至少是個開始。

如今我依然感謝那群朋友的陪伴，我無法想像沒有他們的那一晚會有多長。在自己最虛弱的時候，能有這些人的扶持、體諒，即使當下的我感受不到，但真真切切都在後來變成強大的力量。我也感謝那時的自己，教會後來的我什麼是放手，什麼又是堅強，在自己最脆弱的時候，還願意相信自己值得更好的未來，還願意相信這個世界再怎麼大，自己也不會是孤單一人。

二十歲的自己，謝謝你勇敢的走過，那一段路是如此的不容易，你是如此的不放棄。你曾經煩惱的事，有些在後來出現了，但大部分都還留在你那裡。不要擔心，我現在過得比你想像還好，我也會繼續變好，做自己未來的榜樣。

50

PART 3

現在的事

願你我走過那些風風雨雨，
來到今天，
過著更喜歡的生活。

不要害怕有缺點，而是要每天進步一點

艾·語錄

一個人要討厭你，只需要挑出你的一個缺點；
一個人會喜歡你，往往是包容你的所有缺點。
是人都一樣，會擔心別人在背後說的難聽話，
會煩惱其他聽到的人是怎麼想你。

然而世界上最可惜的事，
就是忙著跟討厭你的人解釋自己，
卻忘了跟喜歡你的人表達謝意。
記得，在這複雜的環境下，
永遠不缺懷疑自己的人，
我們缺的是給自己多一次相信，
給喜歡的人更多珍惜。

我跟小波是在一個訓練課程中遇見，那門課程是要練習溝通與演說能力，其中不乏有些同學已經是職場中的說話高手，有些則是為了打好基礎，倒是像小波那樣不好意思跟人接觸的是少數。一般來說，會自費報名說話課的人，個性應該不害羞，頂多就是慢熱而已。自我介紹時，小波也真的就如預期般，以滿臉通紅、支支吾吾的方式帶過去。

正當我好奇為什麼他想來上課時，老師就先開口問他參加課程的原因。小波回說，他從小最困擾的就是在眾人面前開口，在學校只要是分組作業，他都是自願負責文書部分，曾經有次他鼓起勇氣上臺報告，同學的反應給了他更大的打擊，老師也很直接給予低分，造就他日後更恐懼上臺。

後來，在公眾場合如果有機會發表他不會舉手，在公司只要主管詢問意見也是默默低頭。他並不想逃避，反而很擔心，對說話的恐懼會影響到工作考績，讓平時的努力因此打折。所以這次看到課程介紹才主動報名，是經過好幾個夜晚掙扎後的決定。

這段誠懇的分享打動班上不少人，話一說完，同學紛紛給予極大的掌聲，有些人勉勵他其實說得很好。可是坦白講，我覺得安慰成分應該居多，我承認當時我就是這樣想，因為我真的沒看過有人上了幾堂課就馬上脫胎換骨。至少在那之前都沒看過。

幾個星期後，我對小波徹底改觀。

雖然頭幾次的課堂發表，小波還是用漲紅的臉勉強說完他的內容，不過情況卻明顯一次比一次好。直到有天他一口氣說完自己的故事，而且音調與節奏比以往分明，全班同學都嚇到了，也許他不是那天講最好的，但一定是讓人印象最深刻的。

因為進步的幅度太驚人，休息時間幾個同學簇擁在他身邊詢問練習的方法，他回答的內容大部分聽起來很簡單——就是多花時間練習，分享自己體會過的故事。真正不簡單的是這個：他覺得終於克服不敢開口的心魔，面對自己在說話上的不足，勇於正視自己最不敢讓別人知道的那一面。

那一瞬間，我體會到，原來接受自己的缺點可以產生那麼大的力量，那麼激勵人心。

從那次之後，他每次的分享愈來愈有趣，肢體表達愈來愈活潑，聲音聽起來愈來愈熱情，課程完整結束時也毫無疑問獲頒最佳進步獎。許多同學應該也跟我感受差不多，他在臺上分享的功力已經凌駕班上不少人。

我們都不是完美的人，有優點，就會有缺點，有些是後天養成的，有些是天生的，但那一點都不重要，重要的是你如何看待自己的缺點，又是如何看待別人對你的評價。

缺點，人人都有，但有勇氣正視與求進步，並不是每個人都願意嘗試。也許是在意別人的批評，不少人寧可把缺點隱藏起來，甚至是用各種方法掩蓋過去，也不願意尋找進步的方法。

其實，當我們能夠接受自己不好的一面時，反而會給自己更大的力量。因為你願意接受自己有缺點，等於是允許自己有進步的空間，而一個人要先知道自己還可以進步，才會有更多的信心面對未來。

心理學中就有提到這樣的理論，是由史丹佛大學教授卡蘿・杜維克提出，她認為人的心態有分「成長心態」與「定型心態」，成長心態的人相信自己是可以再進步的，定型心態的人則認為要改變自己很困難。

以我自己的體會來說，成長心態是認為自己的位置處在起點，只要努力就會進步。定型心態則是認為自己已經到了終點，目前的表現就是本身的極限，再怎麼努力也不會有更好的結果，因此更擔心周圍人的評價，更擔心自己的缺點，甚至否定自己，獨自鬱鬱寡歡。

很多時候，**我們之所以活得不快樂，並不是我們自己眞的有多差，而是把別人的想法看得愈來愈重，把開心的範圍定得愈來愈窄，把自己的世界想得愈來愈小。**

然而，我們活在一個處處提醒人不夠好的世界，不論是電視廣告，或是某人口中的「為你好」，其實都在提醒人付出的還不夠。只不過，那些成就往往是某人的極限，卻被拿來當應該的標準。

你要相信，你已經很好了，這並非代表你是個不求進步的人，也不是說你從此不用努力，而是你要放心的接納自己，不論優點或缺點，那都是你現在最真實的樣子。

接受現在已經夠好的自己，才能用心往更好的自己前進。因為你知道，你不是正在變成別人希望的樣子，而是變成自己會真心喜歡的樣子。

寫這本書的不久之前，我花了很多時間在學習製作影片，對我來說又是一次掙扎的過程。

雖然我不定期會到各處演講，已經習慣面對大眾講話，不過要獨自面對鏡頭說話又是另外一回事了，少了現場聽眾的反應與回饋，很容易就把分享變成像讀課文，起初錄的影片連我自己看了都覺得很難提起勁，再加上還要學習剪輯、尋找影音素材、布置現場，用影片創作對我來說，就像小學生要挑戰微積分般困難。

不過，山還是要爬的，否則如何知道上面的風景長怎麼樣。

給自己一點信心後，試著用最好的狀態錄完並修剪，影片分享出去收到許多人正面支持，當然也收到不少對影片內容的建議，有些更是毫不留情的批評。「聲音太平、太單調。」「畫質不夠好。」「內容不夠精簡。」「其實一點也不好笑。」看到這些，對我產生不小的打擊，雖然大家都知道有批評才會有進步，但誰不希望收到多一點的鼓勵？

幾番思考後，我中斷了錄影的計畫。我給自己的理由是錄影會壓縮到寫作的時間，但我心裡認為其實自己還沒準備好，我需要再多一點時間，再多一點資源，再多一點錄影設備，只要能找到安慰自己不用拍影片的藉口，什麼都可以再多一點。

唯獨我沒告訴自己的是，我需要再多一點經驗，而經驗，是要透過經歷才會有的。

好在，此時其他的成長經驗幫助了我。我想起當初開始學習寫文章時，並不知道要寫什麼主題，也不懂如何用故事表達，只會一股腦的敲著鍵盤，覺得那樣就是在寫作。幾年後，我再回去看自己寫的一些文章就知道，那粗糙的痕跡，連我自己也讀不下去。

只是，誰沒有過去？隨著文章數量變多，我的進步也更加明顯，我也漸漸喜歡上寫作時的氛圍。如果說，每篇文章都代表當下的心境，文字就是青春的秒鐘，一點一滴帶著我成長，讓我更加認識自己。我當然還有進步的空間，但關鍵在願意學習，願意練習，不會因為別人覺得自己現在不好，就害怕去追求自己的更好。

重新提振信心後，我抱著同樣的想法繼續錄影片，同時分析自己在眾人面前演講與在相機前分享的差異，並上網觀摩別人的影片，慢慢調整自己在鏡頭前的表達方式。

如今回頭看一開始錄的影片，我又留下跟寫作類似的進步腳印，也再度體會到成長的力量，感受到進步的喜悅。

從小到大，我們需要學的東西千百萬種，其中本來就會有自己擅長與不擅長的地方。對一件事擅長，不代表就是比別人還優秀，對某件事不擅長，也不代表就比別人差。

世上沒有完美的人，也不存在完美的個性，無論什麼人、什麼事，都能找出缺點，也都能再進步一點。重要的是，如果一直顧著後悔，就不可能會有後來。

不管之前做出什麼選擇，用更好的自己去證明就是，就算進步的幅度不如預期，至少你沒有辜負自己。

人的一生充滿變數，不過能確定的是你現在如何對自己，未來就會如何對你。不求馬上變好，只求不放棄改變；寧可因為努力而看似做錯，也不要沒有努力而從此錯過。

工作再怎麼難熬，也不會比沒工作難熬

艾・語錄

工作或許是別人給的，但生活絕對是自己給的，
不要因為工作上的不滿，就把生活也看成不滿。
畢竟少有人一開始就做著喜歡的工作，
那些在旁人眼裡享受工作的人，
都曾經歷過做著討厭工作的日子，
也因為在那段日子裡沒有放棄成長，
所以後來才有機會找到喜歡的工作。

好好把握現有的工作，
先有工作的機會，才有找到喜歡工作的可能；
懂得把生活照顧好，那麼不管做什麼工作，
你都會有喜歡的人生。

如果可以，我想多數人不會反對自己的工作輕鬆又穩定，畢竟多數人工作的目的是為了生活溫飽，僅有少數人可以做著跟興趣契合的工作。況且，不論是否做著喜歡的工作，收入的多寡還是有影響。有專家就統計過，除非公司能提供足夠人生活的收入，否則給予再多金錢以外的誘因，員工也不會提高對於工作的滿意度，反而會更在意工作中的不平等待遇。

也就是說，工作收入不只是重要，更是必要，如果一份工作無法維持基本的生活，再怎麼喜歡的工作也無法給人安心，投入再多的熱情也只能換來現實的無情，根本連喜歡或討厭都不用談。不過，一旦收入能提供基本的溫飽，那些看起來輕鬆又能賺到錢的工作確實令人生羨。

只是，這世界很少有輕鬆的工作，當你投入一件事情後，一定會遇到很多沒想到的荒謬，發現表面上看不見的粗糙。它們就像空氣中的灰塵，一直都存在，只有等到被光線照到時才能看出來。

比方說，原本以為待在冷氣房工作真好，做了才知道主管就在旁邊的壓力有多大；原本覺得只要服務好顧客，做了才知道每個客人都有不同的要求；原本是被工作內容吸引而進公司，做了才知道有好多雜事讓人無力。

其實，沒有人喜歡事情跟預期不同，這卻是每份工作的日常。面對不甚滿意的工作，我們可以選擇排斥，整天用負面心情看待，也可以選擇排解，利用工作外的時間調適心情，或是持續學習，讓自己有天去做更喜歡的工作。

別只想做輕鬆的工作，一份工作會做起來輕鬆，也是需要你先走過困難，跌撞好多次才能換來。

如果你覺得現在的工作很輕鬆，反而更要提高警覺心。因為你過著看似輕鬆的生活，卻可能一步步陷入更大的危機。

猶記還在讀小學時，不時會有銷售人員來家裡推銷書籍，我們家就有一套百科讀物，雖然那時我看不太懂，也沒什麼興趣看，不過有個關於飛機的飛行原理至今還是印象深刻。小時候覺得飛機又大又重，不像小鳥一樣輕盈，為什麼還飛得起來？後來看書後才知道，飛機能飛靠的是引擎推力，唯有產生的動力大於阻力，進而抵抗地球的重力，才可以穩穩的飛在天空。

可想而知，如果引擎在空中熄火會有多危險，飛機缺少推進的動力就會開始往下降，直接往地面摔落。這道理應用在工作上也是一樣，飛機的推力就是我們的競爭力，想要工作穩定，就需要維持競爭力，持續的學習，讓自己有足夠的推力，否則當別人都在往前時，你在原地不動就等於是退步。

雖然這樣說多少會帶來壓力，但沒有儘早察覺，以後反而會帶來更大的壓力。如同飛機愈往下墜，就需要愈大的動力拉起來，才能重新回到原先的軌道；當你在前期日子過得太輕鬆，日後相對要花更多時間把自己拉起來。這樣一想，與其現在輕鬆以後不輕鬆，不如平時多努力，偶爾放鬆，然後穩穩過著喜歡的日子。

這世界沒有輕鬆的工作，也不是說只要找到輕鬆或喜歡的工作，每天一定都是開心的度過，因為就算是做喜歡的事，也會經歷討厭的過程。

差別在於，從事喜歡的工作，或是為了找到喜歡的工作而努力，眼前討厭的事都只是個過程。可是如果把工作的內容都視為麻煩，眼前不管完成什麼都是討厭的結果，最後連開心都變成一種奢侈。

如果你一直被負面想法拴住，不會有工作是令人喜歡的。所以，在找到喜歡的工作之前，你要先成為喜歡的自己，只要你能帶著好心情去面對困難的工作，將來一定有機會，做著會讓自己心情好的工作。就跟做菜一樣，必須熬過，食物才會入味；工作也是，必須熬過，才會知道喜歡的事情是什麼。

人生本來就是如此，**不是工作累一點，所以生活輕鬆一點；不然就是工作輕鬆一點，可是生活會累一點**。事實上，如果工作一直都很好應付，反而要對未來抱有危機意識。

常聽人說，只要放對位置誰都是天才，很多人因此煩惱自己是否找錯工作，所以就無心經營現有的工作。然而，不少人也忽略了，如果心態沒放對位置，什麼工作都能被嫌棄。**透過努力，再壞的工作也有機會學到東西；一旦無心，再好的工作也是在虛度光陰**。就算是討厭的工作，能夠把它做好也才有資格說自己不適合那份工作，也才是在培養實力，讓自己能找到真正想做的工作。

無論你工作的目的是為了餬口飯還是爭口氣，都不要放棄在每一份工作中學習，雖然沒有輕鬆的工作，但只要你願意熬過去，肯定會有成長後的自己。

生活過於繁忙，往往讓人淡忘想要的生活；
但也是生活過得繁忙，我們才能漸漸接近想要的生活。

你無法決定出生，但可以決定人生

艾・語錄

一個人會過得不開心，
是因為把別人的想法看得愈來愈重，
卻把自己看得愈來愈輕。
然而要知道，除非你開始看重自己，
否則任何一個負面批評都能淹沒你。

努力，不是要讓不認同你的人改觀，
而是要為喜歡的自己改變。
活著，只要清楚自己是什麼樣子，
就不用去管在別人心中是怎麼樣。

我偶爾會分享工作與生產力的內容，或許是這樣的印象，我在許多人眼中是個自律的人，關於「自律」我也確實有很多心得可以分享。只是，每次有人當面稱讚我很自律，或是跟我請教自律的方法時，我心中都會有些不好意思，因為其實我也不太喜歡自律，至少骨子裡的我，根本不是一個自律的人。

我天生就容易被有趣的事情吸引，而且觸發點非常低。從小就喜歡新奇的事物，小時候喜歡看廣告勝於看電視節目，就算現在走在路上遇到有趣的廣告看板，我還是會忍不住停下來盯著看。處在「分心世代」下，我也很容易被突然跳出的訊息聲音勾過去，被手機上無止境的動態牆瀑布分散注意力。有人說「好奇心會殺死一隻貓」，我應該就是其中一隻就算死也要滿足心中好奇欲望的貓。

不過有時就是這樣，當你能夠正視自己不足的地方，才會找到自己可以進步的方法。因為了解自己的本性，我經常練習對抗分心的方法，至今學了很多讓自己聚焦的方式。

這一切，就要從大三那年的生活開始說起。

很多人不知道，我喜歡跳舞。大二時，我與好友創辦了學校的熱舞社，在辦了一年多的活動與努力招生後，社團逐漸穩定發展，社員人數不斷上升，期末評鑑也得到好成績。只是隨著社團茁壯，也面臨傳承與課程多元化的問題。

以學校傳統來說，社團是由大二生來主導，即將升上大三的我們將退居幕後，但畢竟是創立不久的社團，除了新任的學弟妹幹部，大三的學長姐還是要分擔教學與編舞的任務。

只是來到大三，也差不多要開始準備大四畢業專題，同時煩惱要考研究所或直接就業的問題，外加大三的課程都是專業科目，課業壓力變大，需要準備的時間也變多。

一邊是課業，一邊是社團，該如何選擇？當時的我毫無頭緒。

我喜歡跳舞，那是我接觸熱舞一開始就確定的事，而且社員之間有創辦社團的革命情感；曾經為了舞展，一起在半夜熄燈的活動中心邊躲蚊子邊練舞；為了通過社團評鑑，喝咖啡熬夜趕出最好的社團作品集。平日晚上肚子餓時一同去吃消夜，心情不好時互相訴苦。雖然彼此是不同科系，感情卻比同班同學還要好。

社團給了我美好的大二生活，更在我感情受創時成為我的生活重心。我喜歡社團，我想要社團繼續發展，我想要跟那群好友一起跳舞。

我想要跳舞呀！

不過，課業該怎麼辦？理性的我知道，課業對人生的重要性是高於社團活動的，只是那個當下我真的不知道該如何選擇。

因為兩邊都不想放棄，我轉而開始思考一種可能：有沒有辦法兩邊都顧到？我雖然不知道有沒有辦法，但我知道我真的想要。在內心渴望的鼓噪下，我開始在乎做每件事情的效率，在乎每個流失掉的時間。我沒有刻意去學時間管理，就是盡量把握每分每秒，也因此，我開始過著除了睡覺以外只有讀書跟跳舞的生活。

人的潛力就是這樣，在你真心想要完成事情前，你不會知道它到底可以帶你到多遠。

先來說我是如何準備課業，因為那是比較討厭的部分，你懂。

為了增加讀書效率，我比以往上課認真，筆記本抄得更滿。同時我改變下課後的習慣，回宿舍不再是先上網而是先複習筆記，隔週上課前也會再回顧筆記一遍。

起初，我只是希望盡可能記住課堂上學過的內容，而不是白白耗掉一節課的五十分鐘，我是後來才體會到，這種上課專心——課後馬上複習——課前再回顧的方式，可以大幅增加學習效率，考試前要花的時間也變少，也因此我有更多的時間跳舞。事隔一年，這樣的經驗也幫助我考取研究所。

如果說，讀書需要技巧，我那時候很有體會。

就這樣，我白天拚命的學習，拚命的跑圖書館找補充資料，中午用餐不再與同學閒聊，而是一吃飽就回宿舍午休，儲備下午的上課精神。到了晚上，就照社團課表教課，九點後留下來練習比賽或表演活動的舞步。那陣子是我有記憶以來最累的時候了，累到我直接把地板當床，把背包當枕頭，回到宿舍一倒在地上就睡著。

如今回想，那種累，是很滿足的累，是很充實的累，是重來一次還是願意去過的累。我在課業上盡最大的力，也在社團裡扮演好學長的角色，一邊面對課業的現實，一邊沉浸在喜歡的熱舞世界裡。

最後，那個學期社團的評鑑再度創出佳績，不只如此，我也在學期末拿到班上成績第一名，從某些同學的眼中看得到訝異，因為印象中我明明就一直在玩社團。也就是從那次開始，我感受到自律帶來最明顯的好處：它能在有限的時間中，完成更多你喜歡做的事情。

對於自律這兩個字，如果你覺得距離感太重、壓力太大，不妨也從另一個角度想，所謂自律，其實也就是更有計畫的安排人生。

有計畫的安排人生，代表你知道有些事情就算討厭還是要去做，因為那會帶給你更多機會去做喜歡的事；代表你知道在生命面前，每個人都只有倒數的資格，你多認真的活一天，你就多一天的機會實現想要的生活；代表你知道雖然無法自己決定出生，但接下來的人生要怎麼過，自己掌握。

除了計畫人生，**自律，更是通往自由的過程**。

你可以想像一下，今天你要出門遛狗，在還沒完全掌控狗的行為之前，會需要繫一條遛狗繩牽著牠，限定狗的移動範圍，防止牠亂跑，是吧？不過，當你帶牠到了狗公園，或者是有圍起來的地方，就會放心把狗繩拿掉，讓牠自由的奔跑。

因為有東西圍起來了，所以在那個空間裡面，就可以自由的奔跑。這概念跟我們經營人生很像，**你必須先限定自己不能做什麼，要堅持什麼，要克服什麼，才有機會得到更多的自由。**

好比上下班，如果你無法在規定的上班時間完成進度，你就要犧牲下班的時間，壓縮到你休閒的自由。準備考試也是，如果在首次考試前沒有準備好，就會花更多時間準備重考、重修。存錢也一樣，平時節制花費，日後才可以享受購買東西或出國遊玩的自由。

自律，就是通往自由的一個過程，會有點無奈，也需要你忍耐，但之後卻會很美好。都是這樣的，你要先承受短暫的不舒服，才能在日後過著更舒服的日子；要先知道該拒絕什麼，才有能力拒絕不想要的人生，有動力抵抗誘惑，不論處在逆境或順境，都能不被這個世界奪走想要的將來。

自律確實是種考驗，畢竟做跟別人不同的事多少會受到懷疑，走自己想要的路難免遭到批評，我們都習慣活在別人習慣自己該有的樣子裡，因此當你要朝著不同的方向前進時，自然要面對新的問題。

不過，值得的事做起來原本就不輕鬆，這世界總是不斷拋出難題逼著人成長，直到我們不再向那些討厭的事低頭。

所以為什麼我會想自律？我會跟你說，我不是自律，我只是不想辜負自己。因為未來還有很多有趣的事情在等著，而我真的不想跟它們錯過。

不要想改變討厭的人，不要被討厭的人改變

艾・語錄

一個人真正的強大，不是知道如何做出反擊，
而是知道如何不被打擊。
在那些不好的口氣與行為面前，
你還可以堅持自己想要的好，
就已經證明跟對方是不同的人。
這並不是要你委屈的活，更不是要你偽裝的活，
而是要你努力為自己活。

用心讓自己成長就是：
寧可因為努力而揮霍了時間，
也不要因為爭執而被耗掉生命。

小吳是一家大企業的員工，部門負責公司的舊產品，雖然無法跟最賺錢的部門相比，倒也少了競爭的火藥味，同事間和樂相處，能拿出大企業的名片也特別體面，有些同事就這樣一待超過好幾年，即使薪水跟職務許久沒變動也心甘情願。

雖說部門內部不競爭，但事實上光是要錄取進公司就是種競爭，縱使小吳非畢業於旁人眼中的名校，卻已跨過碩士這道門檻。當初就是循著大企業的光環才進公司，否則部門要負責的事並不吸引他。進公司後，他發現同事確實很好相處，時常在下班後相約聚餐、唱歌，每天處理的事情差不多，開會內容差不多，他的心態也漸漸跟許多同事差不多，覺得穩定的工作很難得。

然而這股穩定，卻像一艘破了洞的船，沒人知道正在下沉。

同事間早有傳聞，如果公司要裁撤人員的話，他們所待的部門應該是第一批被開刀的，有資格留下的人大概是哪些也很清楚。不過這消息從好幾年前就開始流傳，已經被同事歸類為謠言，加上公司整體業績一直很好，在乎的人也就愈來愈少。

要不是那天，發生一個看似不起眼的事情，點燃了小吳的危機意識，否則他不會那麼快做出改變，也不會因此躲過部門那場危機。

那陣子小吳家裡有事，所以連著好幾次的下班聚會都沒參與。不過實在是太久沒出現了，同事間竟開始流傳小吳準備跳槽，小吳偷偷去進修，甚至還有人說小吳不願意跟只有大學畢業的人聚會，小吳怎樣怎樣的，愈傳愈不好聽。起初，他還以為是在講已經離職的同事，直到這些故事一一傳進他的耳朵裡。

發現自己原來才是謠言的主角，小吳第一時間很驚訝，但更驚訝的是他的第二反應：如果真的在下班後去進修的話，為什麼會被調侃？難道主動學習就會被排擠，要一起聚會才是好好相處？以往他還會安慰自己這樣的生活很穩定，現在他覺得這樣的生活充滿著不確定。

聽到小吳這段故事時，其實我不太意外。這輩子我們本來就會遇到很多無法理解的事，好比你才是努力的人但功勞卻被搶走；好比你只想盡力過好自己的生活，卻無端被人質疑是在干擾他。也許是同事，也許是鄰居，也許是客人，他們用著難聽的話，讓人痛苦的方式，貶低你的方法，企圖摧毀你的每一天。

之所以無法理解那些人的行為，是因為對方的人生從來不是你想要的人生。雖然遇到當下會生氣、難過，甚至也想用同樣的方式回擊，但其實你心裡多少知道，若有天自己變得跟對方一樣，並不會真的開心。

實在無法理解，就別再拿那件事情來懲罰自己了，好好去經營自己的生活比較自在，不用試著去說服對方改變，而是要努力讓自己不被改變。**面對討厭的事情，最好的反擊並非就此糾纏下去，而是在經歷那些事情後，你依然用著喜歡的自己活下去。**

有時候，選擇格格不入並不是看不起圈子裡的人，而是為了成為自己想要的人。畢竟，每個人的時間都是在倒數，多花一秒鐘跟對方較勁，就是少花一秒鐘前進。

家裡的事平息後，小吳真的跑去進修了，第一個目標是重拾專業能力，再來就是加強英文。減少下班的聚會活動後，他也驚覺過去浪費掉多少時間。

後來的他每天回家就是努力讀英文、拚專業，不到三個月就明顯感受到進步，能夠理解的專業問題愈來愈多，讀英文報告的速度愈來愈快，對那些流言蜚語也愈來愈不在乎。或許是看的角度不同了，思考到的未來也更遠，他的心中漸漸興起換工作的念頭。

不過當他的轉職計畫還只在萌芽期時，公司內的另一個計畫早已進行很久。

某天早上，每個部門成員都收到同一封信，內容大意是為了部門成長，當天下午會有一個測驗，主題是跟工作與英文聽力有關。首長還特別提醒要認真作答，以及要安排時間回到辦公室統一測驗，不能缺席。

很快這件事就變成午餐時間的話題，有些人說是不是要升遷考試，有些人說是不是要分派新產品的負責人，大部分人的臉上都有點焦慮，小吳也不例外。

測驗完後的一星期，震撼的消息跟著出現：部門即將要被縮編整併。一瞬間，大家都懂得那個測驗的用意。當天下午，就有人陸續收到資遣通知信，小吳比較幸運，收到的是另一封通知信，主管約他下午一對一面談。面談過後他得知將被整併到另一個部門，離開前主管還特別叮嚀，這次測驗的專業分數雖然不錯，不過英文分數排在合格者中的後半段，有機會留下來要好好珍惜，以後要多充實自己。

這般話聽在心裡雖然是警訊，小吳卻也感到欣慰，他知道如果不是提早開始加強英文，之前測驗出的分數會更低，也不會有留下來的機會。換到新部門後，競爭感明顯變大，同事下班很少相約聚會，主管也推崇同事進修學習，同仁間更不會刻意調侃。對於這麼大的轉變，始料未及，卻讓他更加珍惜。

小吳說，現在的他還有很多要學，他只想努力追上，不願再輕忽接下來的每一天。

我之前在公司工作時，也有類似小吳的體會。當公司編制的人員一多，就容易觀察出哪些人的工作態度積極，哪些人消極。遇到問題，有些人會主動提供各種方法，有些人則覺得沒事為何找他麻煩，若周圍同事大部分是消極的人，確實很容易無力，時間一久搞不好還被同化。

然而，這世上存在各式各樣的人，有想盡辦法為生活努力的人，自然就有想盡辦法逃避生活的人。關鍵在於，你現在選擇成為什麼樣的人，將來周圍就會有愈多那樣的人。

別在還有力氣的時候，都把時間花在只會消耗你的人身上。這個世界有許多事情非常奇怪，但也有許多美好的事值得期待。

活著，無法隨心所欲，但也不該隨波逐流。不要被那些討厭的人事物給絆住了，對付他們最好的方法，是你持續努力往前走，直到他們再也跟你沒關係。

雖然並非做的每件事別人都會懂，或願意懂，
但別忘了，你永遠要給自己最大的肯定。

過喜歡的生活之前，先學會做討厭的事

艾・語錄

如果你的努力，
還沒辦法讓你去過喜歡的生活，
至少記得，
要去喜歡為那種生活而努力的你。

有天，一位高三考生私下問我：「艾大，我真的很討厭考試，不是很喜歡讀書，該怎麼辦？」

這個我也算有點經驗了，畢竟一路上我做過很多討厭的事。但基於每個人的情況不同，我先回問：「那你現在有什麼計畫？比如說，有什麼喜歡的事情想做？或是想要學習的能力？還是你做哪些事情特別得心應手？」

「好像……都沒有耶。」

如此簡潔的回答，很好，可以直接跟他分享我的看法。

工作上，我很清楚自己是個不擅長處理細節的人，這一直是我的弱項，經常做不了多久即開始不耐煩，雖然還不到翻桌、摔筆電、砸滑鼠的抓狂程度，但這些場景不時會在我腦海中上演。偏偏一路走來，經手的工作都需要注意細節，或者應該說，有什麼工作不需要關注細節就能做好，是吧？

在我還是工程師的時候，經常需要在實驗室透過放大鏡，把像原子筆頭大小般的電子零件焊起來，有時一個手抖就要全部重來。設計電路時，需要坐在電腦前好幾個小時，只為了調整小到用肉眼分辨不出差異的線路寬度。離開上班環境後，網站設計必須不斷微調圖片大小，還有反覆對齊文章標題的位置。開始寫書後，必須一字一句校對紙稿，一個錯字都不想放過，一段文字、一張照片擺放的位置都希望適當。老實說，我當下會排斥做這些事，不止一次想放棄。

不過我還是撐過去了，因為**我在乎的不是當下討厭的細節，而是之後喜歡的成果。**

能把零件焊好、線路調整好，之後生產的品質也會提升，我在工作上的表現就會被注意到，遇到加薪、升遷的機會就更高。能夠把網站圖片對齊好，訪客瀏覽時會比較舒適，網站也會比較有專業感。付出最大的心力校稿，書出版交到讀者手上時也會更安心。雖然說事情不可能因此完美，但至少會因為盡了最大的力，問心無愧。

沒錯，問心無愧，這就是我最想表達的事。

某次演講時，我分享的主題是存錢的好處，一位看起來二十多歲的聽眾舉手問：「沒有動力存錢，怎麼辦？想到這個不能買，那個不能花，就覺得有點痛苦。」

當我正要拿起麥克風回答時，突然想到何不問問在場年紀相仿並且有在存錢的人。視線從觀眾席左邊掃到右邊，幸運的發現有人自願回答。

「你為什麼想存錢？」我好奇問。

「因為半年後想去聽演唱會！」

說完大家都笑了，答案雖然簡短，卻令人秒懂。

是啊，很多時候為了去過喜歡的生活，你必須先克服討厭的過程，為的不是最完美的結果，而是過程中看見自己一點一點進步，最後達成想要的目標。比如不花錢，並非要讓自己過得不開心，而是為了將來達成夢想更開心，或讓自己的未來不用擔心；不刻意合群，並非要給別人壞的印象，而是為了不讓自己失去方向；在該堅持的地方不妥協，並非不知道累、不想要放棄，而是為了看到更廣的世界，走到更遠的地方。

其實，**遇到討厭的事，最好的方法不是逃避它，而是盡力把它做好，因爲能把討厭的事情做好，你才有資格說不喜歡做那件事。**

強調一下，我的意思是把它「做」好，而不是要讓事情「變」好。做好，要求的是自己有努力；變好，追求的是結果要滿意。事情能不能做好，掌握在自己手裡，結果是不是好的，多少需要點運氣。好比我當初考上研究所，一定有考生比我還用功、努力，卻因為考運差了點而沒有考好。寫作方面，一定也有作者很用心磨練文筆，但還來不及被看見就得面對生活現實，放棄寫作。

或許有人會想，既然要靠運氣，那還努力做什麼？但事實上，如果你不努力，根本不能做什麼，你只會讓別人覺得你在找藉口逃避，就算你事後想解釋原因，也會被人認為是在找理由。

面對討厭的事，試著投入更多心力把它做好，因為那是你唯一能證明自己不喜歡做那件事情的方法。何況，沒有經歷過那些討厭的克服，又怎麼會知道自己喜歡的是什麼。很多令人喜歡的生活，都是藏在討厭的事情背後，如同你不爬上高山，就無法看到日出或是美麗的星空；如果不潛入海裡，則無法看到壯麗的珊瑚或巨大的貝殼；如果不走過陌生的路，就無法進到新的國度。

沒有討厭，哪來的喜歡；沒有犧牲，哪來的人生；沒有走過煎熬，不會知道自己有多堅強。不要等到喜歡一件事才想把它做好，而是要先努力把事情做好，過程中去尋找你喜歡的地方，讓自己遇見喜歡的未來。

所以，如果你討厭現在這份工作，別煩惱，因為重要的是你能否從工作中學習，讓自己有能力找到喜歡的工作。如果你遇到現在無法克服的事，別擔心，因為關鍵在於未來的你是否因此成長，進而克服。如果你覺得現在的處境很難熬，別氣餒，因為那代表你是認真在生活，每撐過一次，就會有個更好的一天。

很多時候，在那艱難的當下都會令人質疑——為何是我在過這樣的生活？但也有很多時候，未來能實現夢想也是——好在當時我有那樣過生活。

別放棄尋找更好的自己，困難還是會出現，但只要擁有往前的力量，每一天你都在成為更好的自己，直到那些討厭的事情，被一層層喜歡的生活蓋過去。

為喜歡的事情堅持也好，咬牙撐過討厭的日子也罷，在那些前往更好的路上，永遠別忘記帶著自我肯定一同出發。也許到最後你對自己最驕傲的，不是可以過著喜歡的生活，而是曾經在那些討厭的日子裡，你始終沒放棄用喜歡的自己去過。

你如此努力，為什麼還那麼焦慮？

艾・語錄

焦慮是人生的一部分，但不應該是人生的焦點。
不論是轉換跑道，或是堅持在原本的路上走，
別忘了，你都是在為自己奮鬥，
因為人生的目的，不是要去符合別人心中的樣子，
而是成為自己喜歡的樣子。

給自己多一點鼓勵，給明天多一點期待，
不用過於擔心眼前的煩惱，
即使此刻雨下得再怎麼大，
還是會有陽光出來的一天。

我盯著螢幕，左手放在鍵盤上，右手握著滑鼠，眼前縱橫交錯的電子設計圖是幾個月來努力的結晶，之後就要交給工廠實際生產樣品。我對這次的設計有信心，因為我參考很多的產品範例，也閱讀很多的研究論文，反覆用電腦模擬結果，接下來就是等樣品出來的後續調整。

眼角瞄過時間，原來已經快晚上十二點，好幾天差不多都是這個時間回家。這對我來說並非反常，跟平日相比也只是晚個一、兩小時而已，許多科技公司此時也依舊燈火通明，我知道回家的路上不會只有我。

昨天此刻，我已經開始要整理背包，記錄一下當天的工作進度，按下電腦的關機鍵，確認皮夾跟鑰匙都有帶到，帶著充實的心情回家。但此時我卻還是盯著螢幕，沒打算離開。

不是不想走，而是不敢走。

辦公室只有我一個人，很安靜，但我的心跳聲卻很沉，也很響，跳的速度比平常快，手心跟額頭也冒了一些汗。胸口有點悶，彷彿有一塊石頭壓著，我好像還有點頭暈、想吐。這種現象不是第一次出現了，卻是近來最明顯的一次。

我感覺有股吸力正在把我往地板拉，整個人就快要掉下去。

我知道我的身體想要警告我什麼，半年前我的眼睛才因為複視差點無法正常看事物，從那次以後我就特別注意——或者說是才開始在乎——身體發出的任何警訊。

我知道我正在焦慮，但我不知道是為了什麼。要列出可能的原因不難，工作壓力、專案進度掌控、擔心樣品會出錯，都有可能，只是這些都無法說服我，因為不論專案的期限或內容我都準備好了。何況這次只是部門要實驗的樣品，並不需要對客戶負責；出錯沒關係，找到問題更有價值。

如果從職涯發展來說也沒問題。我是同期中升遷最快的一批人，主管也對我有所期待，很早就授權給我帶領小型團隊。我在下班後也有安排時間加強英語，人生的理財規畫也一直照計畫進行著，我知道，如果我一直這樣維持下去，前方的路肯定明亮。

可是，我就是克制不住焦慮，我就是覺得還應該要再做點事情才可以下班。只是事情都做完了，卻捨不得離開，為什麼？

我很困惑，明明已經很努力，為什麼心中會有如此大的焦慮？明明這份工作有發展機會，為什麼我會那麼排斥它？為什麼我已經用光精力，此刻心中卻塞滿著內疚？

我就坐在辦公桌前，任由焦慮感裹住我，猶如被一件濕掉的衣服緊緊黏在身上，甩也甩不掉。

這是我離開上班環境前印象最深刻的一晚，半年後我也就辦好離職手續。回想起那陣子的我，好像愈來愈不敢在假日時休息，愈來愈擔心自己落後這個社會太多，愈來愈害怕鬆懈帶來的後果，愈來愈恐懼跟想要的未來錯過。當時我還不太會處理人生的焦慮，我只知道我想要在工作上有更好的表現，想要存下更多的錢，想要取得更高的成就。

那一晚之後，只要我有時間就會問自己類似的問題：「我的努力到底是為了什麼？」也才逐漸釐清在這些以「自我期許」為名的包裝下，我忽略一件很嚴重的事：之前的努力是為了外在的世界，而不是內心真正的期許。

好比當時的我，以為只要努力取得更高的職位，才是成功；以為只要存下更多的錢買車、買房，才是成功；以為只要有能力吃到更高檔的美食，才是成功。可是我最後才發現，原來這些成功都是別人定義的成功，不是我自己想要的成功。

沒錯，我是想要在工作上有更好的表現，但不應該是為了別人眼中更高的職位；我是想要存到更多的錢，但不應該是為了符合社會給予的期待；我是想要吃到更高檔的美食，但那是為了增加自己的體驗，而不是為了得到別人的稱羨。

寫到這裡，我想跟你說，如果你也是已經有在努力卻還是焦慮的人，並不是你努力的不夠，而是這個世界一直在提醒人「來不及」，一直在提醒別人有多成功，一直在告訴你現在的努力根本微不足道；看看人家半夜都還在努力著，你有什麼資格休息。

可是，事情並不是這樣的。

覺得來不及，是因為你對自己有期許，你心中有想要做的事，所以你才會愈努力就愈害怕時間不夠。覺得別人比較成功，是因為你也只接受到片面的成功訊息，他們在過程中的失敗並沒有透過網路傳遞給你。覺得自己現在的努力微不足道，是因為你比較的對象是已經努力很久的人，經驗比你多，累積的資源也較多，搞不好還是萬中選一的幸運兒。

換句話說，**你會焦慮，代表你在起步，也還在進步，但你卻拿已經通過終點的人來跟自己比較**。

當一個人在為想要的生活努力時，有時會陷入一種彷彿一切都來不及的感覺。別人的進度好像都比較快，別人的運氣好像都比較好，很多人也因此洩了氣，甚至放棄。

然而，**一個人的努力會被看見，通常不是他做了很多的事，而是他做了很久。一件事情會成功，通常也不是做的人走對了路，而是走過很多的路**。肯定自己從來就不容易，我們活在一個把比較當養分的世界，處處提醒人有多麼不足。只是，如果你總是待在別人的世界裡，就算再怎麼用力的活著，還是無法找到喜歡的路，看不見想要的出口。

如今你問我是否就不再焦慮？其實還是會，不過我已經學會要用不同的方式來看待自己的焦慮，我對成功的看法也早已不同，這種轉變讓我更快樂，也更有動力。

當你回頭看之前走過的路，細數傷痛後還是對自己感到驕傲，那就是成功。當你環顧周圍，發現雖然大家都做差不多的事，但你是少數知道正在為什麼努力的人，那也是成功。當你克服了不敢做的事，你朝著別人會懷疑的方向前去，你在過程中盡了全部的力，你寧可被別人討厭也不想對不起自己，那都是成功。

其實，成功如果只能用多少錢、多有名來定義，那也只會是一時的成功，因為肯定可以找到更多錢、更有名的對象來貶低自己。人生終究是自己的，每個人也只有一次的機會好好活，不要因為別人在你身上貼了什麼標籤、用了什麼方法定義你，而把喜歡的自己留在過去。

走得快的人，不一定走得遠；走得遠的人，也很少一開始就順遂。那些在別人眼中取得成就的人，說起來也就是撐得比較久而已。

不要否定自己努力的樣子，只因為你覺得比別人晚出發，比別人走得慢，比別人承受到更多的打擊。

別忘了，**能夠一直陪你走下去的，永遠是那個不願放棄的自己。**

緊緊抓著自己喜歡的生活，
日子雖然在搖搖晃晃中消逝，但努力一定會帶你去想要的地方。

低潮不可怕，可怕的是你因此失去方向

艾・語錄

很多時候，不是當下急著想解決事情，
答案就會馬上出現在眼前，
反而在休息一陣子後，
從新的角度看見不同答案。

時間，幫忙沉澱的往往不只是事情的樣貌，
更是我們那顆煩躁的心。
心路拓寬了，自然會以更廣的角度看事情，
內心跟著變平靜，
原本複雜的事也就變得簡單些。

我又陷入「同樣的」低迷狀態。

那天晚上，電視上正播著兩萬人滿場的運動比賽，可是我對運動的熱情卻不知跑去哪。我看著地板上的啞鈴，心中完全沒有舉起它的念頭，運動鞋就在一旁，而我還在沙發上。理性的我知道需要持續運動才有效果，但當下就是沒有任何動力。

我遇到瓶頸了，最初健身的熱情開始消失，一股熟悉的排斥感再度來臨，雖然它不定期會出現，但每次遇到時還是覺得不容易克服。

不只是運動，在成長的路上我也遇到好多次的瓶頸，生活與工作中偶爾就是會出現無力感。有時找得到原因，比如工作太忙、生活雜事累積太多，此時只要給自己一個假期就可以解決，但有的時候就是找不到原因。

該怎麼辦呢？過去有一陣子我會企圖振作自己，不斷跟自己心裡喊話、激勵，這些都有用，但卻不一定持久。隨著走過低潮的經驗變多，我慢慢明瞭最有效的方法其實很簡單：

就是接受它。

有運動習慣的人，對一個名詞應該不陌生：撞牆期。它可以用來形容不同的狀況，一種是在慢跑後段會出現，因為速度調配錯誤，或是事前準備不足，體內的肝醣消耗太快，導致呼吸不順，身體疲勞感就像突然響起的火災警鈴，提醒著人很累了要趕快休息。另一種是運動成績進步變遲緩，跑步時間無法再縮短，舉的啞鈴重量無法再突破，此時每次付出的訓練都感覺無效，每次流的汗都覺得浪費，久了以後開始產生無力感。

工作上的倦怠感也可以說是一種撞牆期。

比如我每天都有固定寫作的時間，在同一個時段裡，有時候可以一口氣寫完一整篇文章，有時候卻連一百個字也不想寫。有時候題材一天可以想到好幾個，有時候好幾天都想不出一個，甚至會逃避不想打開電腦。除此之外，其他的工作也會遇到類似的無力感，明明知道應該要做什麼，就是提不起勁去做。

這樣的低潮，每個人都會遇到，當你正在往想要的生活前進時，偶爾就是會失去動力，會覺得再怎麼努力還是無力。

也許是工作中雜事變多，所以開始討厭手上的事，澆熄原有的熱情。也許是安排許久的計畫因為臨時原因而改變，覺得付出的努力失去價值。也許是人生的路走起來不順，開始後悔當初的選擇，總想著如果可以重來該有多好。

如同撐過運動撞牆期的方法是調整呼吸節奏，度過人生的低潮期則是調整生活節奏，在時間的陪同下，緩緩的找回熟悉的日子。

你應該也有過經驗，壓力大時，睡一覺後會發現事情沒想像中嚴重；心情不好時，跟朋友聊完後會發現自己可能想太多。很多時候，人生就是這樣在教導我們，並不是當下急著想解決事情，答案就會馬上出現在眼前。反之當你接受它，好好與它共處，生活就會漸漸回到原本期待的樣子。

其實，**會讓人覺得無力的，往往不是活在什麼樣的環境，而是處在什麼樣的心境**。要知道，人生並非要得到什麼才叫成功，也不是一個人時就無法享受快樂。遇到低潮時，與其拚命抗拒負面情緒，不如接受現況讓時間幫你療癒。畢竟雙手掐著自己不只難呼吸，還無法伸出手接住後來的美好；允許自己暫時與低潮共處，也是允許自己將來重新再出發。

時間，會讓很多事情褪去，低潮當然也是，就像再冷的冬天也會迎來溫暖的春天，早晚而已。只要能夠在遭遇打擊後還站得起來，在遭逢中傷後還願意擁抱相信，你就是在準備迎接更好的明天，還有更喜歡的自己。

怕的是，你把低潮當作走不出去的山谷，望著眼前的高山而不再往前，也忘掉自己是克服多少困難才來到此刻。

多相信自己一點，多在乎自己一些，前方的路比你想的還要寬，你擁有的也比想像中還要多。低潮期的無力感，只是在提醒自己別繃得太緊，只是要你接納現在的情況。

低潮會來，低潮也會去，**人生要學會的，終究不是如何讓事情不發生，而是發生後如何去收拾事情，還有如何整理心情**。只要能把心情整理好，事情自然會用它的方式慢慢好起來。

—努力為自己往上爬，其他的，順其自然。

就算這世界背叛了你，努力不會背叛你

艾·語錄

為想要的事情堅持，
也許最後不會成功，
但一定會因此成長；
努力，從來也就不是為了取悅別人，
而是為了超越自己。

K是個普通的人，做著普通的接案工作，過著普通的生活。不過，這是他形容自己的方法，在旁人眼裡，他的生活一點也不普通，甚至讓不少人嚮往。

他的生活並不是大富大貴，卻是很多人想要的平平淡淡。每天早起打開電腦確認信箱，之後泡杯熱飲聽音樂，回到電腦前開始寫程式，接近傍晚就運動，回來沖澡、吃飯後再打開電腦寫起小說，或是準備幾天後要授課的教材，睡前讀點書或看影集，時間到就去睡覺，隔天一早再度開始。此外，不定期的跟女友安排出國旅行，每幾週就跟朋友聚聚，也存了一筆錢計畫買房子，日子過得無憂無慮。

K很滿足這樣的日子，但他回想，如果幾年前有人告訴他能擁有現今的生活，他絕對不相信。絕對！

剛畢業時，K光是要找一份正職工作都很難，因為就讀的並非時下熱門科系，履歷開啟好久都沒什麼消息。

「這樣下去不是辦法。」依著生存本能，他心裡冒出跟許多人一樣的聲音。

他找了很多兼職打工的機會，超商店員、餐廳服務生、飲料店員、速食店員、電話客服，這些在你我生活圈裡熟悉的角色，他都扮演過了。只是，雖然短期收入帶他度過難關，卻沒有減少對生活的焦慮。每天站在收銀臺後方對無數個人微笑，回到外宿的地方卻連對自己笑的力氣都沒有。

「叮！」偶爾手機突然響起，還會期待是哪個同學傳來的問候訊息。

「我是房東，下個月的租金請於……」「生日快樂！會員當月出示此簡訊可享……」訊息還沒讀完就把手機放回桌上。他心中也漸漸感嘆：曾幾何時，收到陌生人的通知訊息，已經多過於認識的朋友？這個月努力工作，只是為了下個月能繼續努力工作？不過這般感嘆很快就被忙碌的生活沖淡掉，習慣總是如此可怕。

好不容易，K有了正職的工作機會。因為在服務業前線磨練過，笑容親切，反應靈敏，所以面試官非常滿意，當場就答應會聘雇，留給他幾天的時間考慮。雖然結果看起來好，但應徵完後卻讓他更掙扎，助理職務要做的事比以前還多，薪水卻沒有打工的多，工作內容還不一定喜歡。

數天思考後，他還是決定接下這份幾乎是打雜的工作，因為兼職的排班制變化太大了，破碎的下班時間也無法規畫進修學習。他看過一些時間管理的書，裡面提到固定的作息是產出重要的關鍵，但之前礙於經濟壓力難以實現。此外他也希望培養語文能力，甚至是出國遊學，卻一直空不出時間加強。如果擁有正職工作，這些都可以實現。

隔天，K就答應會在約定時間到職。開始上班沒多久，他也報名晚間的英文補習班，雖然學費一個月要上千元，但他相信投資自己會是這輩子最划算的投資。

努力的過程就是這樣，你要先放棄看起來很好，實際上卻是綁住你的事。如果當初K一直在乎助理收入比較少，而不是關心能學到多少，或許就不會遇到接下來改變人生的機會。

那份助理工作確實很像打雜，K花了很多時間才調整好心態。不過接觸到的人與學到的東西比以前多了不少，而且能有個獨立的工作桌，還是給了他心情上更大的自由，雖然眼前的桌子跟之前的收銀臺相比又小又短，但至少範圍專屬於自己。

也因為工作需要，他大量接觸到使用文書軟體的機會，隨著一次又一次的練習，以前在學校看了就頭暈的表格，竟也變得有點可愛起來。

「不過那是在主管心情好的時候！忙起來處理太慢就會被罵得超慘。」他急著補充。

當時他應徵上的部門是製作國外產品，所以辦公室不時就會聽到同事用英文跟客戶開會，也讓他更有動力把英文學好。那時除了上班，其餘時間幾乎都在加強英文能力，或是往英文補習班跑，遇到下雨依然堅持去上課。

「我也討厭下雨呀！可是通常下雨班上的同學會變少，我反而有更多練習開口的機會。」他說。

是吧，能做討厭的事才會有喜歡的生活。**有時你想讓生活跳到更好的環境，就要逼自己去適應不同的困境**。就好像潛水一樣，要潛入壓力更大的深水裡，才會看到更美麗的景色。

助理薪資並不高，有一段時間他假日還是要去打零工，隔年的情況稍微好轉，因為主管知道他有在進修英文，漸漸也把一些英文書信工作交由他打理，甚至考慮再請一個助理來做他之前的基本工作。工作的複雜度變廣了，挑戰也變大了，接觸到的專業名詞變多，好在薪水也跳一級，他開始不用打零工。

日子一直再走，看起來生活好像變化不大，但努力真的一直有在累積，K越來越能感受這樣的體會。

轉眼間又過了一年。

上班族生活過得很快，具備英文能力後他也學到更多東西，不只是工作上要處理更多的報告，需要跟著主管跑業務的機會也比以往頻繁。個人學習的部分也是，拜網路資訊流通的便利，他從國外取得許多新的資訊，此時他接觸到一個讓他人生翻轉的機會：開發程式。

「我完全不敢相信自己會想學習程式，但那看起來好像就是一個趨勢。」他註冊很多程式教學的網路免費課程，跟著步驟學習如何寫程式，從看不懂奇怪的鍵盤符號，到漸漸了解原來那就是跟電腦溝通的字母而已，每個符號串起來就是不同的單字，不同的程式要用不同的話表達，他也才明白為何會叫程式「語言」，學英文的經驗此時倒也用上了。

有了寫程式的基本概念後，他發現很多文書都可以用程式自動化處理，還能避開人工輸入的錯誤。以前需要花好幾小時處理的文件，現在幾分鐘就做完了。他的工作效率快速提升，有更多的時間做其他的工作。

「不過我沒有跟主管或同事透露這件事，因為我想多留點時間給自己。」K不太好意思的說。

聽到這邊，其實我並不反對，只要不傷害別人，為自己著想沒什麼不好。此時距離他畢業已經三年多了，他的職務也早已不是助理而已，加上英文能力培養起來後只需要在家進修，多出的時間他就拿去鑽研時下最新的程式語言。一年後，他成功轉職到程式公司挑戰自己。再過了一年，他成功研發自己的App，在外面教人寫程式，然後是在家接案，然後是開課，然後有了現在看似平淡卻自由的生活。

一篇文章，走過K的這些年，從找不到工作，到工作接不完，如果我說不佩服他那是騙人的，如果他被認為運氣好也是正常的，但這一切，K自己其實沒什麼太大的感受。

「因為就是努力而已。」他淡淡的說出這句話。

有機會，我都會跟正在迷茫的人分享這句話：你是不喜歡工作，還是不喜歡困難？

人一生，工作占的時間可能比睡覺還多，能夠找到喜歡的工作當然好，只是就我所知，大部分的工作都不有趣，不一定令人討厭，但也不會是人人喜歡。更何況，再怎麼喜歡的工作，也充滿許多無法想像的困難。

難免，因為生活壓力的催促，有時人不得不去做討厭的事情，不過同時，這也是在儲備實力往更好的生活前進。無論如何，努力都會換成累積，就算離不開討厭的工作，你也因此得到更多經驗，擁有更多的資本。

喜歡的工作不是到處都有，但困難，隨處可見。千萬別在還有辦法努力的時候，就放棄磨練自己的機會。就算暫時不是過著想要的生活，能夠成為更好的自己也就值得。

努力就是這樣，它不會在付出的當下就給人回報，卻會在你沒注意的地方慢慢累積；它不會背叛自己，它會陪你走過荊棘，讓人茁壯。

你明明有機會發光，卻擔心旁人異樣的眼光

艾・語錄

處在低谷時，你怎麼看待自己，
比別人怎麼看待你來得重要；
處在高峰時，你如何對待別人，
也比別人如何對待你來得重要。

一個人的努力，
不會因為別人說了什麼就失去意義。
過得好，就多往低處看，
看看自己有沒有能力幫助人。
過不好，就勇敢抬頭看，
接下來還有很長的路要走，
記得這一次，別再從別人的口中尋找自我。

當一個人正在努力時，很難不去嚮往別人可以輕鬆過著快樂的生活。

整天在外面跑的人，偶爾也希望自己能坐在辦公室吹冷氣、敲鍵盤，發個電子郵件就完成工作。待在辦公室的人，覺得每天能在外頭見到新鮮的事物，生活才是多彩多姿。創業的人，會羨慕上班的穩定；上班的人，會羨慕創業的自由。

畢竟，得不到的看起來都很好，若是心中想要的更容易羨慕。但其實我們也很常忽略，令人稱羨的生活通常有著一段不為人知的辛酸，就像很多人也是走了不少的路，跌撞不知多少次，才有今天稍微喘息的空間。

都是這樣的，當你覺得別人的生活比較好時，別人也可能對你有同樣的想法；當你覺得別人的工作比較好時，一旦換自己去做，才會發現背後那些從沒想過的崎嶇。

我跟很多人聊過，對於追求自己想做的事確實會有許多無奈——家人的反對、經濟上的困難、時間不夠，這些都是常見的原因。但其實還有一個更常見的因素：害怕別人怎麼看自己。

這世界有一些不合理，好像做很多人都在做的事情才是正常。大家都在上班，做不穩定工作的人就好像不務正業；能夠朝九晚五的才是工作，兼職排班的就好像沒有前途。更現實一點的，會用收入高低來判斷某份工作的價值。

可是，每一份工作，都有好與壞，也都是一種累積。相對來說，如果無法得到成長，每一份工作也都是在拖累自己。

好比原先做的是固定上下班的工作，卻沒有在工作中持續學習，有一天搞不好會變成固定沒工作。就算做的是不同於一般性質的工作，只要你知道自己的目標，持續在工作中成長，你跟別人不一樣一點也沒關係。

別人的好，向他多學習；自己的好，不要輕易否定。無論你今天來到什麼階段，都有值得驕傲的地方。無論你做的是什麼工作，都可以是種成長。不需要用比較與羨慕抹滅掉自己的努力，如果你已經在朝著想要到未來而去，需要的只是時間來支持你。

所謂的奮鬥，沒有對應的標準，有時就是每天過著看似一樣的日子，只有自己知道正在往不一樣的未來前進。

不否認，做一件事情，很難不去在乎結果的輸贏，更別說旁人的眼光與評價。然而，最終決定你做這件事值不值得的，還是你是否有盡了力。**日子的好或壞，每個人都有自己掂量的方法，對於喜歡的重量每個人的感受都不同，想要的夢想也都不一樣。**你正在做的事本來就無法得到所有人的支持，更別說有人會害怕你往上爬，因此妒忌。

成功，是經過成長的累積，它並非一蹴可幾，但也並非遙不可及。它需要你不斷堅持，即使別人希望你放棄；需要你不斷學習，即使你懂得已經不少。

千萬不要因為你跟別人做不一樣的事，就覺得自己是錯的，也不要因為做了喜歡的事情遭受批評，而從此不再喜歡做那件事。不論日子怎麼過，時間都會用流逝來證明它的重要，你多花一天去在意一個人，就是少掉一天來在乎自己。人生真正可惜的事，就是你明明有機會發光，卻一直擔心旁人異樣的眼光，然後生活就在懷疑自我中繞圈，有天再也回不到原點。

但願你成為自己人生路上最好的夥伴，不讓其他人用嘲笑的方式，輕易阻止你成為更好的自己；也願你不論前方的路平坦或崎嶇，都能因為現在的堅持，在未來的某處發光。

小時候的記憶

真的是到很後來才明白，很多發生在小時候的事情，會在你以為快要忘記的時候，跳出來，提醒那永遠是自己的一部分。

不是過年的時間，想起小時候過年的畫面。全家大大小小圍在一起，吃著飯桌上平常吃不到的食物，觀賞電視上平常不會有的節目，而甚小的我，除了壓歲錢，最期待年夜飯後的獨自玩樂。

應該是前一年嘗到了刺激感，我會在用餐後馬上衝到戶外，一個人站在路旁彷彿交通警察，先是左看看，然後右看看，確定柏油路上空無一人，整條路只剩一整排的路燈，毫無有車經過的可能。幾分鐘後，我就會帶著心跳加速的感覺，快步走到路中央，然後橫躺下來，然後馬上起身快跑回路邊。

說來奇妙，這是我在回想以前過年時，除了一家人聚餐外最深刻的畫面。想起來很傻，卻是一段捨不得忘記的回憶，記得有一年我還邀請我姐加入這難得的冒險。只是這遊戲再過幾年就沒得玩了，每進到另一個新年，路上車子就變更多，準時回家團圓不再是提早下班的神聖理由，當時我還不懂，這似乎是時代進步的代價。

然而，路上車變多了，我們家一起吃年夜飯的人卻變少了。隨著時間經過，有人離開去外地生活，也組成自己的家庭；而有人則是突然離開，去到活著的人無法觸摸的世界。小時候大人跟我說他們是去一個也很好的地方，長大的我依舊相信他們過得很好。

偶爾回到舊地，不論是校園，或是從小成長的地方，都會感觸時間過得好快，怎麼才離開一陣子，風景就完全不一樣。接著帶著不安的心情，想知道以前常去的那些角落是否還在，若是看到跟以前完全不同的樣子就會失落，但知道有些場景還是被時光好好保存著，會有種莫名的安全感。

小時候的我，長大了，雖然很多事情到了現在也沒有更懂多少，但我知道有些事情是永遠不會被取代的，就像那些離開去到不同世界的人，偶爾會用眼淚提醒他們的存在。如果可以回到過去，我會更認真的去把握那些時刻，但我知道沒有人可以回去的，所以我會更認真的活在現在。

PART 4

選擇的事

人生的轉彎處，
迫使人放慢腳步，
卻也帶來更多的精采。

時間是個小偷，專偷忽視它的人

艾．語錄

以前聽不懂的歌，現在聽到第一句就快掉淚；
以前認不清的人，現在一遇到就知道不該有交集；
過去習以為常的愛，現在才剛離開家門就思念起來。

很多時候，我們都是這樣長大的。
時間往往趁人不注意，
偷偷在心裡塞進應該要在乎的東西，
也帶走不需要在意的事情。

我喜歡打電玩，大學時還會跟同學連線玩遊戲，直到畢業後才漸漸沒再接觸，手機遊戲的熱潮也始終沒跟上。不過，偶爾在日子中找到可以喘息的時間，就會懷念起小時候打電玩的時光，還會特別去找經典遊戲重玩。

我童年印象中的電玩跟現在差異很大，有很多解謎類型的遊戲，角色從頭到尾只有自己，雖然缺少連線功能，無法在線上跟玩家互動，卻也多了需要耐心解決問題的時刻。雖然主角只有一個人，但要面對的問題卻很多，面臨到的抉擇也不少。說來，這跟我們人生還真像，走著走著遇到寶物、閃避敵人、打倒魔王、被魔王打倒、接關再來、完成夢想，一場遊戲不是夢，是人生。

也因此，我喜歡從遊戲中獲得體悟。好比經典遊戲《超級瑪利歐兄弟》，路途上的蘑菇就是生活裡的考驗，磚頭裡的香菇就是工作中的犒賞，後面的庫巴就是人生的關卡，等待救援的公主就是夢想。

不過對於電玩，我學到最多的倒不是來自遊戲本身，而是我因為打電玩而犯下的錯，我也因此獲得這寶貴的經驗：如果一個人過度沉迷於玩樂，往往會失去更重要的東西。放縱自己沒關係，但一定要有底線。

那是發生在我上小學的時候，時間約莫晚上九點，當天學校早已下課，我則因為沉迷在電玩店而錯過約定要回家的時間。家人見我尚未回家很著急，不過他們其實知道我是逗留在電玩店裡，我爸一氣之下也鎖上家裡的大門，決定把我關在門外。當時我家是做桶裝瓦斯生意，住的是兩層樓的平房，一樓最外層的門是鐵捲門，由上往下拉到底，外面就會跟裡面幾乎隔絕，只剩約一本書厚度的開孔，投信封用的。

當時的社會環境還算令父母放心，晚上把一個小孩鎖在外面不至於太危險，而且我所生長的里鄰面積不大，加上父親經常送瓦斯到街坊鄰居家中，所以左鄰右舍幾乎都認識我們家，平時看管我的眼睛也特別多隻，父母也更放心我一人在外。然而，我畢竟還是個小孩，漆黑的夜晚，灰暗的鐵捲門，任我敲打都沒人回應。

我哭了，我急了，我害怕了。

我也知道錯了。

對於打電玩，我父母從不反對，原則上只要功課有顧到，不要沉迷，不要在外染上壞習慣，他們都允許我安排時間打電玩，還會特地去買新的遊戲機當作禮物給我驚喜，不定期帶我去買最新出版的遊戲。而唯獨那次，也是唯一的一次，他們因為電玩對我做出懲罰。

雖然不知道站在門外哭喊的時間到底有多久，但對我來說就像是再也無法踏進家門般的永恆。因為聽不到有人回應，著急的我就跑去住家附近向我姐的同學求助，家人聽到門外聲音忽然變安靜，情急之下也就出門找我，直到我們在路上碰見，而我也邊哭邊衝到姐姐的懷裡。

進門後，我爸想當然繼續訓斥我，但我一點也不覺得委屈，因為我知道那些嚴詞的背後不是教訓，而是在乎。我沒有找藉口，因為我已經回到家裡，旁邊就是家人，而不是只有我自己一個人。

那天以後，我意識到不能對一件事過度沉迷。要打電玩，可以，先把課業顧好，然後控制時間；要上網看有趣的東西，可以，先把該做的事情做好，然後注意時間。要看漫畫，要看電視，都可以，但先把重要的事情顧好，然後管理時間。

你不妨多留意，通常容易吸引人沉迷的，都是屬於可以快速得到好處，效應卻不會持續太久的事情，心理學家認為這是最容易讓人上癮的方法。沒錯，人生本來就需要娛樂來調劑，緩衝繁忙的工作或課業帶來的壓力，但玩過頭了就不是調節，而是切斷自己跟美好未來的連結。

人的一生，大部分時間都是在跟自己獨處，但最難的也是學習跟自己獨處，那個脆弱的、怕受傷的、擔心別人想法的自己。獨處時是容易亂想的，獨處時也是寂寞的，所以我們很容易就對可以立即得到樂趣的東西著迷。

然而誰都一樣，需要先學會獨處，才會知道如何跟外面的世界相處；先管理好自己該做什麼事，才能在未來做自己想做的事。畢竟，會使人沉迷的快感來得快，去得也快，想要更多，就得拿時間來交換。

而時間，注定無法複製，每個人都有花完的一天。

人的一生，看起來有好幾十年，但終究一次就數完。**時間一定會給人機會去把握應該要把握的事，去關心應該要關心的人，但期限絕對不會是永遠，一輩子不會有多少的下次。**

每個明天都可以是最美好的一天，但每個明天也是最遙遠的一天，太多的人把太多想做的事，都葬送在「明天」裡；明天再做，明天再開始，明天再出發。可是，沒有用心的今天，哪來更好的明天？如果今天不做點什麼，明天也只是另一個今天而已。

所以，多做有意義的事情，而不是只想做有意思的事情。多花時間在乎自己喜歡什麼，而不是在意別人討厭什麼。多珍惜陪著你的人，而不是關心不理你的人。多為愛你的人努力，而不是為消耗你的人費力。

在時間面前，每個人都是公平的，你愈在乎它，它會給你愈多的東西，你愈忽視它，它就帶走愈多的事情。記得，人生到了最後，多數人不是後悔做過了什麼，而是後悔錯過了太多。

沒得選擇，是因為你從不選擇

艾．語錄

面對未知的將來，
我們都要給自己多一點期待，
也為夢想付出多一點等待。

改變是不容易的，會需要時間來發酵，
所以不要因為著急而提早放棄。
寧可慢慢走，走得踏實，
也不要匆匆而過，最後迷茫。

從小到大我想做的事多到數不完。

小學時，「我的志願」是當個太空人，幻想能穿上酷炫的太空衣，被喜歡的宇宙星河圍繞。不過志願看起來很遠大，其實還滿普通的，因為班上就有好幾位同學都想當太空人，另一個熱門志願是當總統。

大學時，我念的是電子系，不過實在太愛吃麵包了，曾經認真考慮當一個烘焙師。那時麵包店的裝潢不比現在誘人，麵包口味也不如現在多樣，但只要是麵包，在我眼裡看起來都很好吃。我幻想若是能開一家麵包店，就能親手研發新的口味，然後再滿足的塞進嘴裡。

研究所時，我有在課後兼任熱舞教學老師，雖然已經有一年的時間沒跳舞，不過授課對象只是一般社區民眾，所以以前學過的舞步已撐得起場面。教學時也會想起大學創辦熱舞社的回憶，我曾想過將來能否在工作之餘，也兼任舞蹈老師。

出社會後，本著對投資理財的喜好，曾經想從科技業轉往金融業；因為從旅遊中獲得許多感動，曾經想過當個導遊；去了幾趟日本，就開始學日文；聽到優美的鋼琴音樂，就想起沒學過鋼琴的缺憾。

不過，這些想做的事最後都沒有實現，跟我現在做的事毫無關聯。

因為好奇心重，我很容易對一件事產生興趣。雖然看起來是個在人生道路上經常分心的人，至今想做的願望清單也還在膨脹中，不過其實我很清楚這個道理：如果自己什麼都想得到，最後可能什麼都得不到。

年輕時，多做、多嘗試並非不好，一個人愈早摸清楚自己的個性，愈早發現對什麼事情會有熱情，接下來的路走起來就愈開心。唯一要注意的是，**年輕時的嘗試應該是種累積，而不是自己未來的累贅**。透過嘗試，是為了累積做事情的經驗；透過摸索，是為了累積帶得走的能力。年輕時多嘗試就像是加法，用青春存著未來的本錢。

不過人生到了一個階段，懂得減法就很重要。因為一輩子的時間有限，不可能滿足所有想做的事。擁有熱情是可以克服許多阻礙，但就跟熱氣球一樣，如果火力無法集中在一點產生足夠的熱氣，氣球就不會升空。在這個階段，你不見得要放棄想做的事情，但你一定要學習減少手邊做的事，你必須抉擇真正想要做的事情是什麼，然後有勇氣放掉不應該再做的事。

正當我寫這本書時，也面臨需要運用「減法」的抉擇時刻。因為每週要固定拍影片，一支影片從準備到完成要花三到四天，也因此壓縮到平日寫作的時間。只是看到影片上傳後的反應還是很有收穫，透過影片，我也得到許多寫作時沒碰觸過的靈感，可以表達文字以外的心情。

然而，寫作還是我喜歡跟渴望完成的事。起初為了維持足夠的寫作時間，我減少活動的邀約，也縮短每日的休閒時間，可是隨著出版計畫臨近，我需要投入更多時間來完成作品，也需要愈多的時間跟自己對話與思考，到了後期更會有一段足不出戶的閉關時期。也差不多是在寫這篇文章時，我得決定要不要先暫緩錄製影片的計畫。

我很掙扎，因為影片頻道正在成長中，我也擔心過一陣子沒拍片會感到生疏，為此我還煩惱到影響睡眠品質，甚至打算犧牲睡眠來空出時間工作。

想了好幾天，我的決定還是暫緩拍片計畫，集中時間在寫作上，否則不只因分心而無法拍出好影片，書也說不定無法完成。有趣的是，也許是明確知道接下來要做的事了，當我做出這個決定後，心情頓時輕鬆不少，動力也跟著提升。

某次我在閱讀時就領悟到這句話：「你可以完成想要的任何一件事，但你不能每一件事都想要完成。」

因為職場壓力、同儕比較，我們很容易就把努力焦點放在「誰比誰好」上面。擔心不如人、害怕趕不上時代，總想用更快的方式看到結果，總想在有限的時間完成更多的目標，最終是什麼都想得到，卻什麼也都得不到。

其實，**沒有哪個努力會是白費的，只要是往喜歡的方向前進，每次的努力都會累積成實力，每次的跨步都是在爲更好鋪路**。現在暫時無法做的事情，不代表未來就沒有機會再做，先把手上的事情做好了，將來也才有能力去做原本無法做的事。

別因為著急而什麼都想要，甚至忘了當初想成為的那個自己。專注在讓自己變更好才是最重要的，比較跟著急只會在你心中掘出一個洞，讓人裝進再多的東西也不滿足。

人一輩子會遇到最大的問題之一，就是有很多的事情想做，卻又害怕做了之後，會失去現在所擁有的。

會這樣想很正常，但也代表我們都把自己看得太渺小。事實上，沒有人會知道跨出新的一步時，接下來會有多大的成長，還有多大的能力去克服困難。**一件事能否達成，不是由你現在的位置來決定，而是過程中付出的努力來決定。**

人的潛力不一定無窮，但往往大過自己的想像。如果你現在心中有很想做的事，要知道你缺的不是能力，而是計畫與行動，然後從中累積更扎實的經驗。時間不會等人，但只要你相信自己並努力，時間會讓你看見更好的自己。

年輕時，可以用累積的角度過著加法人生，嘗試摸索自己要的是什麼，但別忘了，走到愈後面愈要懂得過減法生活，就算你還不知道自己要什麼，也要學習知道自己不要什麼。

做出選擇，之後才會遇到更多的選項。在生命面前，每個人都只有倒數的權利，我們無法把每一件事都做好，但這輩子能完成幾件真心想要做的事，一切就值得。

現在不面對困難，以後做什麼都覺得難

艾．語錄

先過別人不想過的生活，
是為了以後能過別人過不了的生活；
現在先練習如何面對困難，
將來才不會覺得什麼都好難。

其實，我們都知道天底下沒什麼是確定的，
只是希望將來某天回頭看自己時，
看到的是曾經如此努力的自己，
成不成功沒關係，問心無愧就可以。

有段時間，「晨型人」這名詞特別流行，彷彿地球上成功人士都很擅長安排早晨的時間，不浪費太多時間在睡覺上，或是利用凌晨三點半的寂靜來專心工作。

我曾對這觀念著迷，那時，我逼自己每天早上六點起床，只要鬧鐘一響決不跟睡意妥協，翻開被單跳下床，開始一天的工作。可惜結果不是好的，實行一陣子我發現白天做事的效率變低，對事情的反應速度變慢，在睡眠不足的情況下工作成果反而變糟，只好結束短暫的晨型人生。

那幾天，我一度懷疑是不是自身能力有問題，無法做個晨型人似乎等於失敗。好在，某日不經意的看到一篇報導，裡頭寫到每個人天生所需要的睡眠長度並不相同，有些人睡很短的時間精神就會飽滿，而有些人，或許你也是，每天需要睡足八到九個小時，白天才不會像喪屍般出現在工作場合。而且，聽說愛因斯坦也是需要長時間睡眠的人，可見睡太久也不是壞事。

或許有些人會說，早起沒精神是意志力不夠的問題。沒錯，雖然我在生活與工作中意志力還算堅強；學生時可以為了存錢而不花錢，為了考取研究所而早睡早起；現在可以為了工作而減少娛樂，為了健康而定期運動。但對於睡眠，我就是沒辦法犧牲，因為若是要早起或睡得少，就需要大量的意志力，但是沒睡飽我反而失去更多意志力。

後來，我了解到那些被視作晨型人的成功典範，並不是因為開始流行早起才去做所謂的晨型人，而是他們原本就照著自己的步調在做每一件事，剛好在早晨工作就是他們最喜歡的方法。並不是他們刻意早起，而是他們特別的自律及專注，要求自己在對的時間做對的事情。

想在一件事情上達到預期的成果，就要把精力在對的時間發揮出來。因此，你在工作時要有足夠的精神，這樣你才能專心做對的事情。再來，你必須知道一天當中什麼時段是你火力全開的時候，這樣你才會有對的時間。

至於什麼時段才叫「對」的時間？每個人都不同，有的人早上做事特別專心，有的人晚上做事反應特別快，就跟每個人對美的標準不一樣，對喜歡品嘗的味道會不同。重要的是，你有沒有利用那段時間去做對的事情，而不是拿來用在跟人生當前目標無關的事情上。

我觀察過網路上的社群，發現那些在別人眼中跟成功比較接近的朋友，或是在自己領域成就顯著的人，經常會在一天中的固定時段，分享他固定會做的事；有些人是準時早起讀英文，有些人是準時下午出現在健身房，有些人是準時在晚上分享閱讀心得。仔細觀察這些人在現實生活中的發展，也確實出現跟多數人不一樣的結果，每隔一陣子就會看到他們在生活或工作中有所突破，將自己推向人生更好的境界。

說這些，並非意指喜歡在網路上晒自己做什麼事的人就是成功，我也有不少努力認真卻低調的朋友，他們的成就也很值得學習，何況社群網站的便利，只是讓我們可以方便觀察到周圍人的生活，不是要我們去仿效不屬於自己的成功。關鍵還是在你把時間用在哪裡，有沒有在對的時間做對的事情，有沒有在應該克服誘惑、挑戰困難的人生階段，選擇堅持。

成功的人並不是犧牲睡眠，做個令人崇拜的○○人，而是知道很多事的成敗需要靠自己堅持才能完成，比起一味的犧牲睡眠，準時且重複的作息才重要，能不能在對的時間做該做的事，在該起床的時間不貪睡，該睡覺的時間放下手機，知道自己一天中何時最有精神，把握那段黃金時間去做最要緊的事。

人生很多時候之所以委屈，是因為太早選擇安逸，長期埋沒更好的自己。

這世界是殘酷的，你不主動為想要的生活努力，就會被討厭的生活控制。這世界也是美好的，你努力的付出，它就努力的回饋，不是在當下，也會在某時。

時間，只會無情的往前走，卻不會辜負持續努力的人。希望你也明白，現在選擇輕鬆，以後只會覺得生活愈來愈難，選擇先面對困難，將來才可以愈過愈輕鬆。

昨天不是用來擔負，
今天不是用來蹉跎，
明天不是用來恐懼。

生活忙碌沒關係，但要忙得充實。
人生迷茫沒關係，但不要從此迷失自己。

當生活變成了湊合，選擇也變成了將就

艾・語錄

學習跟狀態不好的自己相處，
學習跟只會消耗人的事物隔離。
不用去擔心那些已經無法改變的事情，
而是要改變自己去尋找更好的事情。

說了那麼多勵志的故事，有必要聊聊我人生中的糜爛期，不只一次。

第一次，是因為讀大學時感情受創。在跨年期間親眼證實對方有了別人後，我過了快一年自我放棄的生活，不再準時早起上第一節課，回到宿舍不再有動力讀書，晚上睡覺不再是開心的入眠，假日跟同學出去玩也只是被動的配合。吃飯覺得無味，聽歌會想流淚，看電影不再感動，聽到笑話沒有反應，當時有種「這輩子再也無法快樂」的絕望。

失戀會難過，被劈腿更痛苦，如果還傻到想挽回，根本是苦上加苦。那陣子我每天的心情差不多就是兩種狀態循環：懷抱希望與失望透頂。什麼按時上課、按時睡覺、按時吃飯都不管，每天只瘋狂的尋找任何挽回對方的機會，然後一次又一次傷害自己的心。

有人說，失戀時人會變得像行屍走肉，我真的有所體會。如今回想，那段時間的記憶大部分是我躺在床上，不然就是熬夜看漫畫、上網。平常則在朋友面前裝沒事，心裡卻一直懊悔是不是自己做錯了什麼才失去那段感情。

人生第二次的糜爛期，是在我離開職場後的那一年。為了創業，我投入許多積蓄跟別人合資，卻慢慢發現對方的信用不如嘴上所言，經常在不同人面前給出不同的承諾。有些人早已察覺不對勁而陸續退出，我卻執迷不悟，積蓄也就這樣賠掉，離開時還被對方埋怨我不懂得感恩圖報。

積蓄大幅減少，而且還是在沒有工作收入的時候，生活變得毫無安全感。那陣子我又回到失去動力的狀態，不想起床，不想找事情做，沒動力閱讀，唯獨很想吃。所以我就吃進很多高熱量的食物，炸雞、披薩、可樂、奶茶拚命往身體塞，好像這樣可以把負面情緒擠出來一樣。

吃了很多，體重很快就升上來，體力也就掉下去，之後的狀態更想睡，更想吃，更沒有動力過生活。我再度進入想要振作，卻也提不起勁的迴圈。我甚至已做好準備，一旦把剩下的存款花光後，就乖乖回去上班，不過在回去之前我只想過糜爛的生活，雖然我知道不應該這麼做。

不過，人總是會成長的，相較於第一次感情受創，第二次的糜爛期並沒有持續太久。對那時的我來說，因為經歷過上班時期健康出狀況的問題，比較知道要如何從低潮走出來。雖然聽起來好像是我找到什麼特別的方法，其實也沒有，我就是比之前更懂得用生活，來讓自己恢復到正常生活。

跟人合資失利後約莫一個月，我開始在生活中找喜歡的事情來做。我沒有馬上要求自己停止大吃特吃，而是讓自己去接觸心情會好的事情；看電影、聽音樂，每天整理一下房間，讀一、兩本輕鬆的書。漸漸的，我開始找回動力做不同的事情，對學習新知識重新感到好奇，閱讀習慣也慢慢找回來，接著才接觸到網路世界，開始成立自己的網站，培養固定寫作的習慣，一切就這樣再度慢慢好起來。

有時候，當你被迫面對還無法面對的事情時，什麼事情都不做確實是個方法，但前提是你是在讓自己變好，一時的放縱沒關係，但你絕對不能就這樣跟現況妥協，否則你只會被負面情緒牽引著，最後過著湊合的生活，人生也就愈來愈將就。

無論走到哪個人生階段，當一個人的心被傷到了，當生活給人沉重的一擊，那種感覺真的很難受，往往痛到連想走出來的念頭都沒有，什麼都想放棄。

然而，當一個人、一件事奪走你原本的生活時，不管你是多努力討回，還是付出多少時間等待，生活也不會回到你最初想要的樣子。此時與其期待那種生活何時會回來，不如重新出發追求更好的自己。

人生，一定會充滿許多令人討厭的事，但那些都是為了提醒自己還有很多其他的美好。**一個人並沒有能力決定事情用什麼樣貌出現在面前，但永遠有能力，決定它們以什麼樣貌留在自己生命裡。**

沒有人可以一直堅強，也沒有人的情緒能永遠正向，在人生那麼長的路上，一定會有遇到壞事的時候；老闆威脅要開除你，朋友冷漠的不理你，同事無情的嘲笑你，人生莫名的開你玩笑，這些雖然不想要，還是會出現。

然而，遇到壞事，不代表生活別處就沒有好事。有學者說過，人的大腦對於負面的事情是立刻反應，但對正面的事情卻要花到十二秒。所以，要給好事一點時間，它才會走入你的世界。另外記得，**自己不好，也不代表允許別人對你不好，很多人喜歡用數落人的方式來襯托自己，其實他們自己也沒過得多好。**

我們處在一個不停運轉的世界，好壞本來就會交疊出現，我們要學習的是在好事來時多肯定自己，在壞事來時多安慰自己。**人生沒有絕對的絕望，那些現在還沒好的傷，都在讓你的身心變強大。**

一邊躊躇，一邊前進，笑著以前的自己好傻，期待未來的自己幸福。

可以抱怨一件事，但不該持續抱怨相同的事

艾・語錄

不要逢人就抱怨，
因為想聽你說的，不會等你開口；
不想聽你說的，也不會希望你開口。
並非抱怨不好，那的確是排解壞情緒的方法，
但前提是你抱怨的對象真的懂你。

遇到壞事，試著學習跟它相處，
而不是把抱怨當作情緒宣洩的唯一出口。
人生中，美好的事情很少會自己靠過來，
但是，它一直都在等你走過去。

待在職場愈久，愈能理解這個事實：那些討厭的人事物從來不會消失，更可能成群結黨一直出現。偶爾度過風平浪靜的一天，還以為是老天終於賞識自己，隔天才知道其實是底下埋了未爆彈。當下就算白眼翻得再上面，回家苦水吐得再滿，煩人的事還是會一再出現。

但我不否認，抱怨之後心情確實會好很多。

其實，好事並非不存在，只不過被那些惱人的瑣事給蓋住了，當我們忙著應付那些壞事，也很難注意周圍值得開心的事。不過一旦用雲淡風輕的態度去化解，心情看開了，好事也就冒了出來。

翻白眼也好，吃頓飯也行，跟信任的朋友抱怨也無妨，關鍵在於我們要練習掌控好心情，而不是被那些討厭的人事物掌管了自己。遇到難過的事情，除了抱怨，還有很多方法可以調適；一本書、一齣劇、一首歌、一頓飯，都可以讓人轉換情緒，改從正面角度看待碰到的事。

就算今天過得再不順，每個明天依舊有著變好的機會，就算討厭的人事物不會消失，我們依舊可以奮力的挺住，期待自己變得強大。

只是抱怨歸抱怨，有件事要注意：慎選對象，千萬別認為每個人都會聽別人的苦水。

並非別人都不想聽，而是別人不一定想聽你說，畢竟除非你是對方生命中重要的人，否則他沒有責任要分擔你的煩惱。況且，有些人願意聽別人的苦水，並不是真的想聽到別人的故事，而是想聽到會讓自己好過的事；知道有人過得更不好，自己心裡會比較好，平時還可以拿去跟其他人閒聊，這世間就是存在這樣的過分。所以你要特別注意，否則一不小心抱怨的內容還可能被對方私底下嘲諷，或是哪天被拿來當作威脅你的籌碼。

其實，**成長的一部分，就是知道何時才可以跟人坦白，又知道應該在何時說句「沒什麼」**。畢竟每個人都有自己要忙的事，有獨自要煩惱的困難，面對這些瑣碎有的人是選擇努力變好，有的人則是想辦法讓別人過不好。

真心話，要跟真心對你的人說，至於那些喜歡把別人心事當作娛樂籌碼的人，你刻意隱藏心情，也只是在保護好自己而已。

最好的情況，是學習減少抱怨的頻率。我們是可以抱怨今天的事，但更要練習不在明天抱怨相同的事。

有時候，同樣的壞事會反覆出現在生活之中，有些還因此變成常態，不少人也就這樣不斷被消耗下去，每天都過得很無力。

然而要知道，**事情很少會自動變好，但你一定可以先變好**。畢竟，日子終究還是要過下去，讓自己變得更強大，是為了不讓壞事一直影響你。

遇到不好的事，能力若克服得了，就努力改善它；能力若還不及，就試著先放下它。人生，本來就是充滿考驗，不求自己完美無缺，只求跌跌撞撞之後，還有勇氣去看想看的世界，還有決心去走想走的路。

人無法改變過去，但可以記住它教會你的事；我們也無法控制未來，但可以期待它刻印出更好的自己。相信只要不被打倒，現在所經歷的，都會是將來心中的驕傲。

環境會改變一個人，但心境能決定一個人

艾・語錄

不要從別人眼裡去尋找自己的樣子，
也不用一聽到批評就氣得跳腳，
一個人會在背後說你，
是因為在你的前方，擁有他看不見的風景。
畢竟每個人的人生都是自己的，
一個人說了什麼、做了什麼，
好的，壞的，
都遲早要為自己負責。

前陣子收到一名讀者訊息，內容說到她在畢業後就到目前的公司上班，轉眼已來到第二年。她認為這份工作還可以學到東西，薪水也算過得去，唯獨一個問題：人際關係。倒不是公司的同仁「都」不好相處，而是只有一個，偏偏那一個就是她的直屬前輩，從進公司就擔任她的輔導員，眼看未來一年也需要跟她密切合作。

這位讀者對工作充滿熱忱，很渴望學習，卻總是有意無意感受到那位前輩的敵意。工作上向她請教總是不理不睬，主管一旦問起對方又說早就都教過。她很困擾，不知道該跟主管反應還是要離職。向上反應，擔心自己反而更不好做人；離職出走，又擔心下一份工作遇到同樣情況。

「難道，真的就要忍下去？」一股無助感透過文字傳過來。

「如果無法換工作，那就換心情。」我簡短回了這句話。聽起來好像沒幫助，甚至有些消極，但其實這是我自己走過來的經驗。

研究所畢業後，我跳過國防役的機會直接去當預官兵。人的心態都一樣，對於空降的管理階級會有防備心，而我這種一報到就當少尉軍官的菜鳥更是如此。「憑什麼一進來就可以擁有軍官的特權？」「為何可以住在獨立的寢室？」如果我自己也是職業軍人，想法應該差不多。

不用多久，我就感受到一些人的敵意。

因為剛到新環境，對於整個部隊的生活作息還不熟悉，何時操演，何時幹部要開會，何時要安排人力，何時要回報問題，我毫無頭緒。也因為沒有人教，所以我只好用著很菜鳥的方式當著菜鳥，在沒事情的時候待在休息室複習作戰手冊；我以為日後用得上，所以想多加準備，當時真是有夠天真。

沒多久，我就「黑」了，很快就被直屬學長盯上，而且他待在這個部隊好一陣子，跟其他軍士官都很熟，所以想必我在幹部群心中也沒什麼好印象。換句話說，我不只是黑而已，還是黑了一整片。

某天，部隊學長就乘機把我叫過去訓斥一頓，而且還是在公開場合數落我，當時有別的軍官經過，有別的幹部經過，也有將來我要管理的士兵經過。我心中覺得有點丟臉，擔心以後我說的話還有人聽嗎？

如果是在社會上，也許忍一下就過去，但這個部隊是我要待到退伍的地方，接下來還有約一年的時間要相處，而我變黑的時間點還只是在第一個月而已。當時的環境對我來說很不利，而且我也不可能改變環境，義務役要申請調離部隊是很嚴重的事情，若沒成功一定會帶給自己更多麻煩，調到別的部隊一樣也會被視作麻煩。因此，我沒得選擇，只能坦然面對。

選擇就是這樣，當你只有一個選項時，它既是最壞的情況，也是最好的情況，反而可以激起人更多的動力去面對。

當時我手上唯一的選擇，就是用心證明自己有能力。我心想，如果不能扭轉那些人對我的印象，我至少還有機會在其他士官、長官心中建立好印象。雖然我不知道學長和他的朋友在背後是如何說我，也無法阻止他們這樣做，但我知道我可以在長官面前努力把事情做好。就算長官最後對我也有偏頗的印象，至少我會從中學到東西，而不是白白度過這一年。

也確實，那一年下來在軍中受到的磨練，直到現在對我在工作上都帶來很大的幫助。因為要管理部隊，所以我學會如何分配資源；因為要跟長官開會，所以我學會如何在上司面前表達看法；因為要面對很多軍中的不公平，所以遇到職場中的不公平反而見怪不怪。

扭轉心態後，我開始積極去了解部隊的生態，熟悉軍官要負責的業務，也主動跟要帶領的士官兵套交情。那幾個月下來，我跟直屬學長之間的關係並沒有改善，但我想他也是習慣我的存在了，加上我有在做事，只要沒有干涉到他就可以。

原本以為我就會這樣持續被疏離直到退伍，沒想到幾個月後發生人事異動，我的直屬學長被調到其他部隊，原本的長官也因升遷而換了新的長官。努力能收集幸運，當時這件事又發生在我身上。因為我已經學會如何獨立管理部隊，所以很快我就得到新長官的信任。我在部隊過得比之前自在，長官也很放心指派我去處理大小事，直到退伍前還問我要不要就這樣「簽下來」，留在軍中繼續服役。

一個好的環境，肯定會帶來正面的影響，但問題是我們通常沒有改變環境的能力，只有改變心境的能力。**改變心境不代表就是妥協，而是在那個環境中盡可能的學習成長，等到能力夠時才可以選擇另一個新的環境。**

說到環境如何影響人，我還有另一個深刻的體驗。

研究所開學我就知道了，同班同學肯定都是學習上的高手，除了班上大多是經過嚴格考試篩選進來，其他也是成績優秀直接推甄入學。而我所待的研究室，同屆學生連我在內共有五個人，其中有四個就是推甄進來；沒錯，只有我是擠進來的考生。

程度上，我跟他們之間很難說沒有差異，光是大學四年學過的東西，我就被海放到無邊際的地平線。相對來說，我也被他們的主動學習態度給感染，至今許多的讀書習慣、做筆記的方法、安排時間的觀念，都是從那時候一點一滴培養到現在。

所以，環境當然重要，如果你有機會，盡量選擇有挑戰的環境，因為在還沒有經過考驗前，你不會知道自己的潛力是在哪裡，就算之後在那樣的環境中顯得疲累，但只要肯努力，你在那個環境裡的成長低標，也會是其他環境裡的高標。或許幾個月還看不出差別，但幾年後一定會感受到差異。

只不過，若你現在處在不好的環境也別灰心，因為真正的重點不應該是在固定的環境，而是求進步的心境。環境好，就多學習，環境不好，就多努力，讓自己提早跳到更好的環境。只要保持成長的心境，什麼環境都可以讓你得到東西。

不論在工作或生活中，處在迷茫的時間偶爾會比篤定的時間還多。然而，迷茫不代表就是壞的，畢竟迷茫也是種提醒，只是有些人會在迷茫中抬頭，尋找新的路，有些人則是蒙住頭，就此迷了路。

其實，人生的意義，通常在當下很難察覺出來，總是要等到看似無關的事浮現時，才知道努力的價值；也許是你有能力接下更高的職位，也許是你終於能安心養活家人，也許是在實現夢想的路上找到更多的勇氣。

人為什麼要努力，答案有時就是這麼簡單：足以讓現有的生活繼續，或是朝想要的生活前進。而之中所要承擔的不適、痛苦、煎熬，都是個過程，遲早會過去。

不用害怕面對環境，而是要學習調整心境。學會調整心境，走到哪都是對你有利的環境，之後不管去到哪裡，你的心都能堅強的陪在一起，持續為自己打氣，不斷為夢想充氣。

留一個微笑給自己，讓自己能有更多的快樂。
無論今天過得如何，明天依然有美好的世界在等你。

走喜歡的路，而不是好走的路

艾·語錄

有時候，幸福看起來離自己好遠，
是因為花了太多時間去後悔無法改變的事情。

很多事過了就過了，別再緊抓著想去討回什麼，
我們唯一能做的是在之後避免同樣的事發生，
不再把自己的心交給同樣的人，
別再被同樣的話傷害一次。

嘗試看看，朝著更好、更開心的自己去生活，
很多時候就是這樣，時間一天一天在走，
生活看似沒有變化，好日子卻是慢慢在累積，
直到某天明瞭，原來幸福是種選擇。

據說，人有買東西的衝動是因為生存本能。如同有些動物會儲備糧食過冬，人也有擔心物資不夠的困擾，只要眼前出現渴望的東西就會產生想要的衝動。或許是被以功名為導向的社會價值觀催促，外加廣告的渲染，生活周遭充滿各種新商品的誘惑，導致我們分不清楚哪些東西是真的需要，哪些東西又只是廣告鼓吹讓人覺得應該要，最後無法克制買了許多不適合的商品堆在家裡。

人生何嘗不是如此，不論是選擇太多或是不知道如何選擇，我們都容易受到周圍人的影響作出決定。有些人會給你很多建議，有些人會分享過往經驗，有些人則會認為一切是在為你好，是要保護你。

往好的方向想，聽取別人的經驗是種學習，況且群體生活本來就是群體導向，只是當你一再將人生的選擇權交出去，你過的就不是自己的人生，而是別人的人生。

遇到困境，本來就會不知所措，你也不用逼自己非得馬上走出來不可，會碰到困境代表正在接觸不熟悉的事，此時放慢腳步利用時間沉澱，也是一個認識自己的好機會。該擔心的，是你以為什麼事都不用理會，時間就會幫自己找到答案；時間是會幫人過濾事情，但若不主動採取行動、做出選擇，時間不會協助人走過去。

其實我們都知道，就算不做任何選擇也是一種選擇，若是為了休息、為了追求平靜，暫時放下選擇的壓力倒也沒關係，但如果是逃避選擇，想要讓其他人來幫你決定，或是被動讓時間來揭曉答案，等於是把自己的未來交給別人去掌握。

之所以無法做出選擇，有時是因為害怕要獨自一人承擔後果，如果是因為聽從別人的決定而做錯，似乎就不用承擔全部責任，心裡會好過一些。

然而，**人生不會因爲是由別人幫你決定，自己要承擔的責任就會跟著減輕**。今天我們所做的選擇，不論是被誤導的、被強迫的，後續的發展還是要由自己負責，就算到時想怪罪其他人，也只是不斷掉入紛紛擾擾的痛苦裡。

既然如此，何不一開始就選擇自己想要的？為自己的人生負責，才會在有能力時做對的選擇，在應該拒絕時展現堅定意志，在結果不盡人意時依舊感到驕傲，而不是任由其他人左右，做出自己會半信半疑的決定。

在這不長不短的人生裡，不論是買東西、交朋友，或是探索想走的人生路，過程是迷茫或篤定，都有各式各樣的好與壞等著我們，要有能力做出選擇，勢必要學會取捨的勇氣。無論如何，千萬不能犯下什麼都想要的錯誤，選擇了這個，卻又心繫於另一個，或是覺得每個都好，不知道該如何拒絕。

人，可以暫時沒有理想，但絕對不能一直妄想——妄想什麼事都不做就能得到想要的結果。

取捨，很多時候也意謂著是要往前走還是留在原地。畢竟我們的雙手只有那麼大，能握住的東西並不多，想要得到新的東西勢必要放掉舊有的東西。不一定是那些東西毫無用處了，而是帶著它們往前會太沉重，阻撓自己迎向更好的未來。

不妨這樣想，如果食物過了保鮮期而壞掉，就會散發難聞的味道，若繼續擺著不管還可能影響起居環境及健康。過期壞掉的東西需要丟掉才能維持好的環境，同樣，捨去會拖住自己往前的事情，也是讓自己維持好的心境。

對於念舊的人，在捨去這部分可能要花上不少的時間練習，但別忘了，如果那些東西真的能讓你開心，早已不用煩惱是否該留住它們。需要放手時，就不要再勉強抓著，緊緊握著會扎人的東西，手心是會痛的。

另外再提醒，有些人會以為捨去就是放棄，因此才堅持抓著不放手。捨去與放棄其實不同，捨去是認知自己的能力有限，無法一次背負太多的東西，所以選擇對自己更好的方式前進。放棄，通常是心理上不想再承受痛苦，所以停止努力，接受一成不變。

在人生旅途中，我們時常要面臨選擇：選擇好走的路，還是喜歡的路。好走的路通常有個致命的吸引力，它跟過往走過的路非常相似，過程通常是別人鋪設好的，終點也常是別人立起來的，在那條路上你不一定是顆棋子，但肯定也不是下棋的人。

唯有走在自己喜歡的路上，我們才會願意抬頭欣賞那片湛藍，享受走過的每段旅程，遇到困難時才有勇氣面對，被擊倒時也才會願意站起。雖然前方的路充滿荊棘，但穿越後的你也會看見更美好的世界。

放手不是放棄，失去也不是失敗，人生是一連串的取捨，以及不斷的選擇。多重視自己的聲音，找到你喜歡的路，而不是只想找到好走的路。只要能捨去不喜歡的事情，留下來的，就會是真心喜歡的人生。

如果一定要選擇，選擇成為更好的自己。

對，不對，都對

關於離職的決定，其實我掙扎很久。不只離職，當初要報考研究所，大學不重考，放棄國防役，都是在反反覆覆的拉扯下堆砌出的決定。

要說掙扎的原因，就是做了跟別人不一樣的決定。那是如此困難，當你朝著跟多數人不同的方向去，一個個側目的眼神都化成阻擋的力量，迎面衝撞自己。做跟別人一樣的事而錯，大家一起錯，但做跟別人不同的事而錯，會變成錯得離譜。

想起剛進公司的那天，跟著直屬前輩進到長條型的小辦公室，裡面塞了快十個人，整個部門僅此大小。說是辦公室，也只是利用率不高的實驗室改裝。剛報到頭幾天，同仁不時提到部門研發的產品被公司寄予厚望，當時我還納悶，若是重點項目為何部門那麼少人，而且辦公室還位在舊工廠，距離總部大樓十分鐘之遠。

所幸過沒多久，為因應業績成長人員配置愈來愈多，辦公室也換到幾倍大的地方，在我離職前部門同事已擴增到幾十位。而當初一起被塞進小辦公室的人，身上也累積不少潛在的升遷機會。年輕的等時間，資深的等空缺，先來的先贏，職場潛規則。

手握著升遷先機，要毅然放下離開令人猶豫。白天我很努力的藏住要不要離職的選項，趁著夜晚才把它們擺出來一一對峙。這是個沒有裁判的競賽，當下無法知道哪邊會有好結果，若知道，也是好幾年後的仲裁。

其實我不止一次反問自己，後來沒離開的我會是什麼樣子。我會如願被派駐到國外嗎？會升到管理職嗎？還是我會後悔當初選擇留下，至今依然反反覆覆的掙扎著？

然而誰又能知道，我們永遠玩不過時間的調皮搗蛋。每一個選擇都會帶出不同的選擇，每一個現在都來自無數個過去。吃著自己的餐點，看著別人的菜色，嘗到的滋味總是有缺憾。

離開公司前，跟我一起進部門的同事給我祝福，說以後再多聯絡。其實，有沒有聯絡都沒關係，能夠在人生的某一刻有所交集，就有了意義，就像自己的選擇，到後來也會有新的意義。

時間晃呀晃，離開公司已經好幾年，我平行望著待在公司的自己，我想你也不後悔最後選擇留下，因為我們都不給自己後悔的理由。

PART 5

以後的事

想好了就出發吧，
沒有完美的開始，
但可以有不放棄的自己。

你不能既選擇將就，又埋怨沒有將來

艾．語錄

你無法控制別人用什麼方式看待人生，
但你可以決定要用什麼方式跟誰相處。

把時間花在也想認真的人身上，
把勤勞用在比你還勤勞的人身上，
用好的態度去跟態度好的人相處。

無論生活還是工作，
寧可因為努力而遇見更好的自己，
也不要因為無力而一直被消耗下去。

研究所首次期中考要到了，有一堂公認難拿高分的課，專業內容涉及很廣的領域，授課老師出題又很靈活。聽學長說過，能夠考超過六十分就是很好的成績。

至今仍然令我回味，當時為了準備那堂課的考試，終日待在圖書館翻閱資料，深埋在大書桌上一疊又一疊的參考書裡。最終結果令自己欣慰，分數算是班上中間偏高。

不過印象最深刻的，是有個同學考了快九十分，超出全班平均一大截。會訝異，是因為那位同學並沒有給人特別認真的感覺，也不曾在圖書館看過他。當時教授公布考最高分的人時，在座同學表情錯愕的不是只有我。後來才知道，雖然他不常出現在圖書館，但還是會去借書回研究室看，而且常常一個人讀到很晚。我真愧疚有一瞬間懷疑對方是否作弊。

其實，很多人都是在大家不知道的地方努力，在大家不知道的地方堅持，然後有天突然冒出來，在旁人一時無法理解的情況下，有些人就把對方的成就全部歸給運氣。

成績揭曉後的一個星期，我才注意到那位同學往往比大家早進教室，上課也一直埋首勤做筆記，下課休息時也會看到他上前跟老師討論，而且不時從背包裡拿出厚重的參考書。想必我考試前看的那些書，他是在上課前就看完了。

成功真的都是有原因的，是吧？

我還有個朋友對網路行銷很有興趣，卻在社群網站起飛時沒看到他的蹤影。早期，網路對社群的隱私權觀念還在萌芽，不時能看到陌生朋友分享的私生活照片，但唯獨沒看到那位朋友的消息，點進他的個人頁面也只看到頭像照，更新時間停留在很久之前。

「放棄了嗎？但記得他對這領域抱有熱情。」我在心裡不免出現這股疑慮，瀏覽他之前經營的網站也沒有更新。

約莫過了兩、三年，有天動態牆跳出他的消息，畫面中的人有點陌生，但仔細看確實是他。他在那篇消息中分享這幾年做過的事、見過的人、去過的地方、合作過的案子，雖然交代的很簡短，底下留言卻很豐富。「以後要叫你老闆啦！」「事業搞這麼大？」「何時見面聊看有沒有合作機會呀。」「變胖了，但有企業家的感覺XD」雖然朋友之間留言要浮誇才有趣，不過他確實在這幾年做了很多旁人不知道的事。

其中之一，就是他去經營一個市場更大的社群，在上面已經累積超過好幾萬的追蹤者，以當時來說是個影響力不小的帳號。他發布這消息時也才二十歲出頭，之前消失的那麼神祕，如今帶回來的卻是驚奇，正當年齡相近的人還在適應職場生態時，他就在自己的領域裡擁有過人的成績。說不意外怎麼可能。

我們都曾遇過，那些說自己根本沒讀書的同學，最後卻是考最高分的人。小時候覺得這根本是障眼法，專門要迷惑同學。

後來進入社會才領悟，有些人還是會刻意隱藏自己下班後做的事，原因只是害怕私下太積極而被排擠，所以選擇在眾人面前跟著大家悠哉漫步，然後在大家沒看見的地方拚命奔跑。他們不見得是擔心被人超越所以偷偷學習，而是擔心被看成異類，才選擇在夜裡努力。

於是，好多一夜成名的故事就這樣被報導著。可是，能在臺前發光的這些人，又有誰知道他們走過多少陰暗的轉角，才來到今天的路上。

我們活在一個很大的世界，不少人卻習慣把自己活得很小，隨便圍了一個圈子就在裡面舒服的過，久了也以為眾人皆是如此，等到有天被現實逼著走出圈子時，才發現有些人早就在挑戰更大的圈子。此時積極一點的人會拚命跟上，但也有不少人轉而用否定對方的心態來尋找慰藉。

其實，不論是不想當異類，還是不想被超越，都是在為更好的生活努力。朋友之間調侃一下無妨，但如果跟著一起嘲笑對方的努力就大錯特錯了，因為你嘲笑的不是對方的努力，而是自己的不努力。

人就是這樣，並不會去做自己否定的事情。同樣的，當我們否定別人的努力時，也等於暗示自己努力是不好的事，有一天換你遇到挑戰的機會，反而會開始猶豫，甚至擔心周圍的人將如何看你。

雖然並不是一個人的成就高，他就比較優秀，但千萬不要因為自己不肯努力，就批評別人走旁門，甚至為自己找藉口。如果可以，誰都希望想要的生活可以輕鬆實現，想要的事情可以輕易達成。只是，現實中存在著殘酷，也存在著美好，但不存在童話。

都是這樣的，**你必須拚命的奔跑，只爲了讓喜歡的生活準時到達；如果你現在選擇將就，就不能埋怨沒有將來。**

不要因為一時的困難，就放棄努力變成更好的自己，也不要因為一個人在你眼前消失，就以為他沒在其他的地方發光。一個人做起事來看似輕鬆，不代表他在背後就很放鬆。

因為有付出，所以看到別人的成就比較高多少會受打擊，但要知道，允許自己不再努力，才是真正的打擊。你不需要比別人還好，你只需要比昨天的自己好；不是要贏過別人的現在，而是要一步步營造自己的未來。如果前方的路比想像中還遠，那就試著在明天多走幾步，不再因為懷疑而輕易停下來。

現實逼著人長大，是要你看見自己喜歡的模樣

艾．語錄

傷口會結痂，就是要你別再去剝它了；
心情會難過，就是要你別再去想它了。
我們都要學習不再為難自己，
學會尋找新的力量，
學會給自己勇氣重新出發。

好好讓心休息，解釋不了的事情，
時間自然會去解釋的。

所謂的成熟，有時就是別人刻意來踩你的底線時，你選擇用淡定畫上句點。

以前，若有人刻意說出中傷人的話，我心裡面都會先想到是不是自己的問題，是不是自己哪裡沒做好，是不是我真的沒能力、沒資格。表面上，我抱著開放的心態尋求進步的方法，實際上卻是任由那些不好聽的話腐蝕我的心情，轉而否定自己。

也好，年輕時的傷，多數會帶來成長。我漸漸分得清楚哪些是真心的建議，哪些只是刻意的打擊。我學到與其跟對方爭論到底，不如為自己堅持到底。因為，你說的再多，對方也不會轉而認同你，自己卻會開始討厭那樣的你。

這世界，很多人，很多張嘴，你無法控制別人如何評斷你現在的努力，還有想追求的夢想。積極一點，你可以跟對方脣槍舌劍直到取得勝利，只是若對方一開始就是帶著墨水來潑，你愈是跟對方攪和，後面就要花愈多時間把自己洗乾淨。

凡是討論，偶爾爭執在所難免，畢竟要交換意見這是最快的方法。然而，有些人不是要來跟你講道理，而是只想跟你吵到底，跟這樣的人磋磨下去，你只是在變成自己會討厭的模樣。

遇到不懷好意的人，表現無所謂不代表沒有底線，而是知道真正的底線是留給懂得尊重的人。至於遇到喜歡刻意去踩別人底線的人，你的淡定離開，就是給對方最大的難堪。

我想起《攀越冰峰》這部電影，內容描述兩位登山者挑戰山脈高峰的真實故事，下山過程中主角喬摔斷右腿而行走困難，途中又墜落山崖，同行的賽門最後割斷繩索自保。

從題材的角度，應該要大肆討論人與人之間的信任有多薄弱，還有這件事如何引起登山界輿論的撻伐。然而，事實卻跟眾人表面上看到的不同。

原來，當喬一開始摔斷右腿時，他們仍然想盡辦法下山，是賽門一路上將繩索綁在自己的身上，用全身的力氣在上方拉著喬，讓喬抓著繩索爬下山。而當喬墜落山崖時，也是賽門硬撐許久企圖救援，最後在無法確認喬是否生還，自己可能被凍死或被拖下去的情況下才割斷繩索。

所幸喬最後活過來了，而且是奇蹟般的靠著意志力，爬行到賽門後來駐紮的帳篷，最後一起成功下山。雖然賽門接下來被眾人評論，但喬為了還原事實而把過程撰寫成書出版，也為世人見證兩人真正的友情。

電影中，透露著患難的友情有多珍貴，卻也揭露出片面的資訊有多虛浮。很多表面上看到的結果，少了過程就會遠離真實。可想而知，當你在做一件其他人並不了解的事情時，因為他們是從外面看你，必然無法體會你內心看待那件事情的意義。

從登山的角度再延伸，人生有時候也真的就像爬山，沿途你會遇到很多跟你不同方向的人，每個人心中都會覺得自己選的路可以爬上最棒的頂峰。這之中誰對誰錯沒有一定，就算前往的目的地相同，彼此看到的景色也不會完全一樣，體驗到的也不同。該擔心的是，如果因為理念不同而把時間花在爭辯，不只會拖延自己人生的進度，還可能被煩惱纏住整個思緒，錯過沿途美麗的風景。

很多時候，我們會因為別人的看法而克制不住的否定自己。主管怪罪你做不好，你開始想是否自己真的很沒用；同事在背後議論你，你開始煩惱是否做人不夠圓融；朋友說你對他不夠用心，你開始覺得自己太自私。

然而你要知道，一個人再怎麼努力，也不可能毫無缺點；一個人再怎麼付出，也無法滿足所有人的期待。**面對別人說的難聽話，重點不是如何跟對方解釋，而是學習如何在內心解讀**。你做得好或不好，別人有評價的自由，但你自己才有決定的權利。

所以後來我學會了，遇到願意分享經驗跟建議的人，就跟對方多請教，多觀察對方做了什麼事、克服什麼困難。如果找不到人提供建議，就多聽自己的聲音，多跟自己對話，多問問自己想要什麼、又不想要什麼。至於只想要調侃別人的人，或是聽到謠言就想當偵探到處打聽的人，心中知道有這些人、那些事的存在就好，你要做的是繼續努力前進，剩下的讓時間去吹散掉那些烏煙瘴氣。

人生這條路，開心與難過都是在走，往後也有很長的路在等著。與其聽著別人的聲音繞圈圈，不如聽著自己的聲音慢慢走。相信只要自己努力，接下來一定會有好事的。

有一天你會遇見那樣的人，不是接受你的不完美，而是單純就喜歡原本的你。

寧可為喜歡的事跌倒，也不要被討厭的事打倒

艾・語錄

不要懷疑自己，你無法阻止別人說你不好，
但他們也無法阻止你繼續變好。

別管那些人在背後如何議論你，
你的目標不是討好他們而是管好自己。
緊盯想要的遠方，聚焦自己的腳下，
雖然你根本不用理會他們，
但你的堅持就是給他們最好的回應。
一路上，永遠會有看輕你的人，
但那個人絕對不可以是自己。

如同運動，有時緩慢的持續堅持，是達成目標的必備要素。

我會運動，一開始是因為忙著工作而疏於關心身體，體力每況愈下，抵抗力也變得很差，唯獨體重不斷上升。後來堅持運動一陣子後，體重才終於降回過往熟悉的數字。

只是隨著體重減少，當初沒預料到的問題出現了，雖然能夠再穿回以前買的衣服，卻也撐不起之前的樣子。原來，我在消耗熱量的同時，也把身上的肌肉一起減掉，身材因此看起來單薄。不說，看上去還以為生了病。從那時開始我接觸到健身，也認識到減脂的觀念。

隨著運動知識的普及，愈來愈多人知道在塑身時，目標雖然是減重，重點還是要減脂。不過人的身體很微妙，想要減少體重需要燃燒熱量，而燃燒熱量需要心跳速度夠快，但若想要盡可能燃燒脂肪同時保住肌肉，心跳又不能太快。根據文獻，當人在進行激烈運動時，消耗的熱量來源多數會從肝醣提取，如果做的是持續且緩和的運動，身體才會從身上的脂肪提取更多熱量。就以跑步消耗的熱量來說，短跑衝刺主要是從肝醣提取，慢跑則是來自脂肪，所以為了達到減脂的目的，反而不能只進行激烈的運動。

我在剛接觸到這觀念時覺得很訝異，因為以往認為運動就是要愈激烈、汗流得愈多，才愈有效果，事實竟然不是這樣。

對於實現人生目標，我在後來也有類似的體會。

年輕時，我覺得目標就是要儘早達成，殊不知心態愈急，事後遭受愈大的打擊，反而減弱自己的動力。其實很多的目標，想要達成需要的不是一股腦的衝刺，而是要緩慢的持續堅持，成果才會慢慢顯現出來。就跟減去脂肪一樣，前面幾個星期通常不明顯，但過個半年、一年回來對照身材，就會知道進步有多大。

以我自己學習語言的經驗來說，我曾試過整天瘋狂學習英文的方法，可是撐不了一個星期就覺得好累，覺得英文好無聊。反倒是每天分階段的練習比較持久又有效；今天學一點文法，明天練一點聽力，每天背一點單字，雖然進步幅度看起來不快，但幾個月後發現原本跟不上速度的英文影片，也開始約略聽得懂意思。

學校課業也是，平時上課專心學習，下課用心複習，效果也比考前大量的熬夜來得好。此外，練習寫作的技巧，經營社群的成長，培養顧客的關係，人生的理財計畫，都是持續緩慢的進行比較有效，成果累積會愈來愈大。

只是從現實面來看，要緩慢的持續堅持一件事並不容易，你既要付出加倍的努力，還要承受看不到成果的折磨。

這種感受，我在成立理財筆記網站時就很有體會。我的網站在五年多的時間累積近兩千萬的瀏覽量，等於我一個人寫的文章，平均每個月有超過三十萬的閱讀次數。雖然聽起來不少，但一開始並非如此順利，網站在頭幾個月根本沒多少人知道。成立半年後成績好一點，但每個月瀏覽量也不過三萬。

即便如此，我還是堅持每週更新三篇以上的文章，到了年底才有每月平均五萬瀏覽量的成績，也才有接下來兩年的倍數成長。近來我因為把重心放在社群跟影音頻道，網站比較少更新文章，不過每個月平均還是有十萬的瀏覽量，雖然不多，卻比當初每週更新文章時還多。

努力就是這樣，它是用累積在算的，現在做的也許看不到效果，但一定在影響著結果。

我常想，如果當時我看到瀏覽數那麼少，就因此懷疑而放棄每週更新數篇文章，也許我的網站早就關閉，現在也不會有機會能做著自己喜歡的工作，同時擁有喜歡的生活。又或者，我因為遇到阻礙、被別人否定而失去寫文章的動力，甚至還因為學生時期作文不好而看輕自己，我也不會有現在寫作的機會。

所以，即使你現在過的生活還無法符合期望，也不要因此對自己感到失望。一直是如此，當人在努力時，眼前出現的幾乎都是不熟悉的困難，周圍會有許多阻撓你的事，會有人嘲諷你辦不到，會發生意外抵銷你的付出，會出現打擊逼你回到原點；你想要往前克服它們，它們也想把你拉回原本的舒適圈。最痛苦的是，經過一段努力後，你還可能覺得自己比以前糟。

可是，沒有什麼美好，是不需要付出的。沒有什麼突破，是不需要咬牙的。沒有什麼成長，是不用經歷痛苦的。沒有什麼夢想，是不用行動就能成真。

這世上有很多的事，需要時間去醞釀，才能看到淬鍊後的光彩。

好不容易走到這一步了，不要輕易的就放棄，因為那是對自己最好的交代。無論結果如何，你都值得一份肯定。就算事情到最後沒有跟預期的一樣，你也已經透過努力，把自己變成喜歡的樣子。

不用煩惱沒有進展，即使生活看起來毫無變化，
你走過什麼、做過什麼，努力都在幫你累積著。

做決定前，先做自己

艾・語錄

每個人心裡的空間都很有限，
當裝進去的「建議」或「意見」愈來愈多時，
對於想要的反而會愈來愈模糊。
也因此，我們永遠要學會聽取自己的聲音。
別人告訴你該去哪裡不重要，
你自己想去哪裡才重要。

只要你學會做自己的後盾，
不管時間帶來什麼都能勇敢面對；
只要你是做自己喜歡的決定，
最後去到哪裡都是喜歡的人生。

演講結束後，不時會有人前來詢問跟生涯有關的事。

「該如何找到自己喜歡做的事？」

「該如何決定自己的未來？」

「該如何面對旁人反對的意見？」

這類尋求建議的問題很常見，然而演講後的時間不多，加上等待詢問的人不在少數，我通常會快速提供幾個大方向給對方，希望他們帶回去後有所啟發。

只是如果可以，我真心希望能坐下來好好跟他們聊，畢竟這種短暫問答的方式效率不高，一來我給的建議不夠具體，二來我的建議也無法符合提問者真正的需求。我最樂見的情況，是提問者帶著答案來找我；不是指有偏見的那種答案，而是了解自己的答案。

目前為止，我大部分生涯重大選擇都是自己決定的。好比大學要重考還是直接就讀，畢業後要選擇服兵役還是國防役，離開公司要選擇創業還是找下一份工作，這些足以影響人生的決定，我都是在大小不到四坪的房間做出來。事後回頭看，並非每個決定都完美無缺，但因為都是從我自己的需求出發，所以坦然接受。

要澄清，並不是別人的經驗不值得參考，也不是我愛耍孤僻，而是我希望做出的決定符合自己的需求，先從「我」的角度看事情，在別人說服我之前，我要先說服我自己。況且，別人給的建議再怎麼全面，接下來還是要拿自己的人生去驗證，而且愈大的決定，影響愈長遠，既然如此，你當然要先知道自己在乎的是什麼。

很多時候，我們確實需要參考別人的經驗；小至上網瀏覽別人的用餐心得，大至要不要跟某人告白、換工作、結婚生小孩，別人的經驗往往是重要的參考。

然而有件事不能忽略，人的大腦是一個會不停衡量機會的計算器，它不會直接告訴你哪一個最好，卻會用興奮、焦慮、徬徨等各種情緒來逼迫你做選擇。只是難就難在這裡，你永遠不知道大腦當下用的是哪一個公式，如果你給它更多的選擇，它就給你更多的可能，然後你更不知道該如何選擇。

所以，先框出自己喜歡跟不喜歡的範圍，帶著選項去尋求別人的看法，對方也比較好給你建議，你也會得到比較適合自己的建議。

相同觀念也適用在工作上。以前我在公司上班時，若有問題需要主管決策，通常都會準備幾個答案給主管選擇。一方面節省主管做決定的時間，另一方面我也可以計畫接下來該怎麼做，把會帶來更多工作量，但其實是雜事的選項刪除。聽起來有點取巧，可是這會讓我有時間去做更多有生產力的事，大部分被我剔除的也是成效不高的雜事，如果那件事有必要去做，主管自然會依經驗指示。

人生這條路，走起來不會是直線，但也不會只有一條線，如果從喜歡的方向找不到答案，改從不喜歡的方向去探索也可以。你需要的只是好好坐下來跟自己對話，把那些不喜歡的事先剔除，剩下的煩惱就是從喜歡的事情中，選出最喜歡的事。我試過很多次，要決定喜歡什麼不容易，但要刪除不喜歡什麼，意外的簡單。

如果還是無法決定喜歡或不喜歡什麼，那就**先練習喜歡自己現在的樣子，喜歡自己已經做出的決定，喜歡自己選擇的生活。**

因為生活充滿考驗，我們很容易對當下的自己感到失望，此時心情就會被各種「如果」給占據。

「如果我那時做對選擇就好……」

「如果我當初看清楚那個人就好……」

「如果我以前努力一點就好……」

然而，天底下沒有什麼事情是絕對好或壞的，也很少有什麼選擇是當初一看就正確。現在心裡會有那些「如果」，也是眼前先有了這些「結果」，因為有結果，才有後來的經驗。要不是曾走過那些路，不會學到現在應該選哪一條；沒有遇過某些人，不會知道有些人是可以相處但不能相信；沒有遭遇過現實的打擊，也不會找到努力的理由。一件事情會有好的結果，除了與努力的過程有關，更是與你之後去到哪裡、做了什麼有關。

每個人的生命，都有自己不同的形狀，也許硬塞得下別人的想法，但多少會在某個邊角不合，會因不夠堅定而鬆動，唯有自己去尋找適合自己的形狀，才能找到跟這個世界契合的方法。

先喜歡自己選擇的生活，因為過去不是用來挽回的，而是用來學習的；給自己動力選擇喜歡的生活，因為人要先改變心境，才有可能改變環境。畢竟，**若你不是用喜歡的自己去做決定，也不會喜歡自己做出的決定**。

就是這樣，做決定前，先做自己，這樣你才會喜歡自己的決定，然後累積更多的能力，將來無須再配合別人，去決定自己該喜歡什麼事情。

你站在哪裡不重要，重要的是你往哪裡去

艾．語錄

要相信自己，
該往哪裡去，總是比你目前在哪裡更為重要。
以工作來說，現在正在做什麼，
都不及你持續加強能力影響更多。
以人生來說，現在處在什麼階段，
都不及你規畫下個階段要實現什麼影響更大。

別只停在你目前這階段，
持續往前走，用心學習，
讓自己因為付出努力，
一步步朝著想要的人生前進。

生活，很少是完全順遂的，或者說，完全順遂的生活，反而沒有什麼回憶值得收藏。

雖然如果能夠跳過複雜的那一段，不用遇到阻礙就得到想要的東西該有多好，但事實上這很少發生。通常是你愈想得到某樣東西，上天就用愈多的難題來考驗你。

需要經過一番努力才能得到東西並沒什麼不好，因為那代表你會更珍惜得到的結果，過程中也會因此成長，透過挑戰學到新的東西，逼出更好的自己。就算最後沒有獲得預期的成果，你也得到更好的自己，只要持續進步，永遠不怕沒有下一步可走。

該擔心的是，因為進展不如預期，自己開始看輕付出的努力，最後抱著悔恨的心情放棄原本想做的事，放棄那顆之前會想不斷嘗試的心。

我們都會有迷惘的時候，會因為每天過著相同的生活，而忘了自己有多努力。事實上，只要有付出，每一天你都是比昨天還進步；回家會累，代表你今天盡責的工作；心情沮喪，代表你在乎自己的表現；壓力存在，代表你正在承擔更大的責任。持續做是不容易的，放棄不做當然簡單，但只要肯往上走，現在的位置都可以是下個高峰的起點。

除了學會肯定自己，也別被這社會營造的成功表象奪走夢想。媒體喜歡一窩蜂報導類似的成功故事，強調某人擁有的身分，很多人就漸漸誤以為那是成功該有的樣子，是自己渴望的未來。這也是很多人覺得堅持太難，努力到一半就失去動力的原因，畢竟自己不想要的東西背負起來會特別沉重，很難帶著它繼續走下去。

別把其他人成功的表象，跟自己內心想要的未來畫上等號。你要用正確的方式評斷自己，而不是用別人付你多少薪水，別人認為你有沒有符合他們期待，別人覺得你適不適合加入他們圈子來評斷。人生值不值得，不是從開的車子、住的房子、擁有的物品來決定。**如果你一直看著別人過生活，就會忘了去過自己的生活**。

當然，只要自己喜歡且有經濟能力，你都可以擁有那些東西，但別因為想滿足其他人的看法才去做那些事，若是在自己的生活中塞進太多的別人，往往最後會失去真實的自己。

也別忘了，不要因為現在的成就還不如預期，或是聽到別人的成就比較高就自暴自棄，阻斷往前走的想法。比較，是會讓人產生動力，但也能輕易消滅人的志氣。何況每個人的起點都不一樣，出生後所擁有的資源都不同，這些並不能從一個人當下展現的成果分辨出來。

你要曉得，**成功的關鍵在於你能否比以前還進步，我們現在能擁有的成就，鮮少會大過於解決問題的能力**。工作上，你能承擔更多挑戰，就有更多表現的機會；生活中，你能管理好自己的作息，就有更多學習的時間。

所以，你現在的位置在哪裡不重要，重要的是你得往前走、往上爬。藉由努力一次次的堆疊，讓自己站在更高的位置，就有機會看到更燦爛的光景，然後發現原來人生比自己預期的更美好。

這世界，沒有平白無故的成功，也沒有輕而易舉的成長，那些現在做起事來很輕鬆的人，都是經過不停的練習、一再的吃苦，才能有看起來隨性的今天。

人的本性喜歡走捷徑，所以別輕易掉進這個陷阱裡。值得的東西不會從天上掉下來，想要的人生需要用心去經營。試著在每一天都為更好的自己努力，活著，雖然不可能天天都有好事，但努力的活著，有天一定會遇到好事。

面對未來你可以無感，也可以勇敢

艾・語錄

在這難懂的世界裡，
有些事情會公平，但也有很多的不公平，
會在你還沒準備好時就闖了進來，
很多人也因此顧著埋怨而放棄前進。

別在人生還有力氣的時候，
都把時間花在不值得在乎的人身上，
或把青春周旋在討厭的事之間。
希望你也能保持著成長心態，
在這充滿難以理解的環境中持續摸索，
直到周圍被快樂的事物所環繞。

「好快，一年竟然就這樣過完了！」

包括我自己在內，很多人應該都有過這樣的想法，曾經我也不知道該怎麼辦，直到我開始過著「倒數人生」。

忘記是從何時開始，就像學生時期黑板上的「考試倒數○○天」，我也興起為目標倒數的想法。起初的動機很簡單：如果不知道日子怎麼過完的，又如何知道怎麼過好日子？就這樣，包括寫這本書在內，每當有重要的目標要達成時，我都會在牆壁掛上倒數板，提醒著日子一天一天在過，想達成目標就要有進度。

習慣這樣的倒數方式後，我也嘗試在每年的第一天開始倒數，提醒自己今年還剩多少天。老實說，這確實帶來一點壓力，但是對時光飛逝的感受也更加立體，偶爾因為工作繁忙或出國旅行錯過倒數，印象中原以為只漏掉兩、三天，行事曆上則是少劃掉快一個禮拜。

時間就是這樣，它每天都陪著人相處，離開的腳步卻又如此安靜。

不知道你有沒有發現，我們對於「時間的刻度」是愈來愈無感。小時候覺得時間過很慢，長大時恨不得時間能暫停。明明記得才剛跨完年，怎麼一月份就過去了；不是前陣子才說要計畫新的一年，怎麼一晃眼就來到年底。

對於時間刻度的鈍感，心理學專家給了這樣的解釋：人在一歲時，過去的一年等於是全部的人生。十歲時，每過一年是度過十分之一的人生。到了五十歲時，每一年就只占現有人生的百分之二。愈到後來，時間就愈像口袋裡的零錢，不知不覺就會被花掉。我們對每一年的感受都是這樣了，更不用說每一天過得有多快。

有時候想想，時光不但是飛逝，更容易被人忽視。

如果前面這段內容讓你開始焦慮，我無意如此，不過你會產生焦慮感也不算壞事，因為代表你心中還有想做的事情，並非真的對未來完全無感。這也是我更想表達的觀點：對於時間刻度，我們除了不能無感，更要學習勇敢，勇敢拒絕會消耗自己的事。

好比在職場中，難免會需要與人共事，如果遇到跟升遷或生計有關的任務，是應該好好去做。然而若是無關的雜事，或是別人自己不想做的事，此時就要小心別人利用人情壓力，把責任推給你承擔。

雖然職場中避不開輩分關係，但你要知道，無論對方是否比你資深，你看待自己的時間還是要比任何人的時間珍貴。願意多做，是因為你求表現，不是因為你好欺負；幫忙分擔，是因為你把同儕當團隊，而不是他把你當助手。

生活面也一樣，很多人會藉著交情而刻意占便宜。比如原本請求人幫忙，結果發生問題反而怪罪幫忙的人做事不小心；原本請託出國的人順便帶東西回來，對方答應之後卻給出一大串清單，回國幾乎塞滿別人的行李箱。雖然，朋友之間互相幫忙是需要的，但並非要求的那一方不用站在對方的角度想。

學習勇敢拒絕不必要的事，這是對自己人生負責的態度，或許會因此失去一些人的認可，但一味的配合，你反而失去更多應該要在乎的事情。

對於拒絕，我也並非一開始就懂，為此我還付出過慘痛的代價，而且幾乎損失身上所有的錢。雖然當時只是學生，但幾萬塊的錢已經是我的所有。

那是從接到一通電話開始。一位畢業後沒再碰過面的大學朋友聯絡我，她說，因為家裡陰錯陽差沒準備到學費，開學到現在都還沒有繳費，再不繳就要被退學，急需人幫忙。她保證，一旦家裡匯錢就馬上還給我。

電話裡的聲音聽起來慌張，我也不疑有他，雖然對我來說是筆不小的金額，但被退學可是很嚴重的事。問了對方還差多少錢後，就趕緊趁下課空檔到附近的提款機轉帳。事後我也沒有特別去留意這件事，想說對方拿到錢自然會聯絡我吧？直到幾星期後從另一位朋友口中得知，她一直都有在跟朋友借錢，而且還錢的機率不高。

原本我還納悶著，或許對方家境真的有困難，但朋友繼續說才知道，她除了平時買自己的東西，還會大方送朋友衣服、鞋子，而且是挑選要價數千元的流行款式。聽完後我很生氣，氣對方，也氣自己，為什麼要利用其他人的善良？為什麼自己沒有想清楚就借錢？情急之下拿起手機聯絡，一開始對方還避不見面，最終經過不斷追討才拿回部分的錢，過程中的爭論也把自己搞得狼狽。

如今回想，利用別人的善良是不對的，但我當時不懂得拒絕也學到教訓，因為就算要幫忙，也應該要量力而為。

很多時候，我們會因為別人的眼光，迷失自己的方向，因為別人的要求，忘了自己的需求。可是千萬不要忽略了，你來到這世界，並不是為了別人而活。

的確，拒絕別人是不舒服的，或許還會帶來內疚，也會讓關係產生摩擦，但這就是對自己未來負責的代價。因為不論是借出金錢還是付出時間，都是在運用你有限的資源，若是不好意思拒絕而做太多職責以外的事，你就少了時間把自己的工作做好；若是臨時被要求幫忙解決別人的急事，也可能把自己的事拖到變成急事。工作是這樣，人生當然也是。

所以，我們要學習拒絕，而不是讓別人的順便占滿你的時間，更不能允許別人利用了善良，踩踏了純粹。每個人都一樣，時間是過一天就少一天，學會說不，並非要刻意做個討厭的人，而是明確的告訴對方，你也是在用生命工作的，你也是有生活要享受的；寧可把多出的時間用在休息、陪家人，也不要加班看著對方提早回家。

我們都曾天真的以為，時間會用最慢的方式等著自己，某天才驚覺人生已來到不熟悉的年紀。

然而，美好的日子不是在原地等出來的，如果你現在心中有什麼想做的事就趕緊去做，有什麼想說的話就勇敢去說，有什麼渴望的夢想就別一再錯過。

這世界沒有理所當然，那些達成的背後、實現的夢想，都是用各種方法累積出來；有的人用盡淚水，有的人咬牙堅持，有的人跌倒再爬起，有的人默默前進，有的人看似糊塗，卻比誰都清楚的過日子。無論如何，拒絕別人從來就不會舒服，突破舒適圈從來就不容易，生命一直是這樣在走的，它用著殘酷，來逼一個人堅強。

不要害怕拒絕，而是要在乎自己的感覺；不要對未來無感，要爲自己勇敢。人生，其實就像是一本筆記本，時間會幫人翻頁，留不留白看自己。

願我們都能把握每一天，用喜歡的方式寫滿每個角落。

單純的後來

小時候我家後面有座廟，印象中它跟我家距離有一百多公尺，直到某天回去看的時候，才驚覺那段距離根本連一半也不到。不過即使我現在回想起來，還是覺得至少有一百公尺才對。小時候的視覺，看什麼都很大，眼中的世界比現實大上不少，容得下好多天真的想法。有時候想想，是不是這原因，小時候的自己才能勇敢去做喜歡的事？

那間廟位在稻田旁，稻田延伸過去就是一條高速公路，將一排排的高樓劃分開來。廟的門口有幾座動物石像，我特別喜歡跑去那邊玩。對我來說，那裡就是一個可以爬上爬下，跟著同齡朋友玩樂的地方。每到下午，還會有個賣果汁冰的人出現，如果我口渴了，就會走到能用聲音觸及我家最近的地方，對著大喊：「媽～我要喝果汁！好嗎？」母親片刻後就會從客廳走出來，站在陽台對著我點頭示意，接著我就會轉身跑去拿果汁。

那時我沒想太多，為什麼買東西可以不用付錢？只知道喊完後，賣果汁冰的人就會願意讓我帶走一包。

現在當然知道了，這是種彼此信任的行為，他相信我媽會在某個時候來付錢，而我媽也相信他會如實記錄喝了多少包，那是個還不知道社會上有那麼多詐騙事件的年代，彼此都用單純的心態去解讀對方的行為；他們單純的相信彼此，而我單純的喝著果汁。

是到什麼時候，我們的人生才開始變複雜了？

如果說單純是上天給小孩的禮物，或許失去單純是交換長大的條件。在時間的見證下，在生存的逼迫中，不再輕易用單純的心去決定該不該做一件事，取而代之的是更多對未來的擔憂，或是更多來自別人的期待。所以，也才會很多的後來，都沒有了後來。

我想起第一次出國沒花太多時間就做出決定，目的地是帛琉。因為沒出過國，所以單純想出去；因為沒浮潛過，所以乾脆選最漂亮的地點浮潛，剩下的就帶著一顆期待的心迎接未知的旅程。過程中會去到哪裡、玩到什麼，事前沒有花太多時間研究，卻也帶來更多的驚喜。旅行的最後幾天，也臨時決定自費跟著導遊規畫的行程，在夜裡搭船去到無人島，看見至今無法被取代的海灘星空，吃到回味無窮的海鮮燒烤，那時的畫面跟體驗，即使不需拿出照片也記得清楚。

不像現在，出國前忍不住查好要去的地點，要走的路線，該住什麼飯店，坐哪一班飛機，彷彿害怕自己無法在有限的時間與金錢裡，找到盡興的路程。

就跟人生中要前往的未知路一樣，我們也害怕的準備很久，但其實也不知道在害怕什麼。

隨著出國經驗變多，我的旅行計畫看似做得更周詳，卻也明瞭計畫以外所發生的事情，才會藏著更多旅行的樂趣；意外發現的美食，地圖上看不到的景點角落，身處其中才能感受的絕妙氛圍，都因為自己實際的走過，一個個變成旅途中值得的回憶。雖然不知道下次是否真的會再回去，但那第一次的興奮感，卻已長存在自己心中。

也許，如果沒有那些計畫，就無法安心出國，旅行中大部分的時間也不會順利，但如果凡事要求照計畫實現，對於突然的變化也會措手不及。很多當下發生的事情看似毫無意義，卻是在後來才知道其中的安排。旅行給我這樣的感覺，人生，好像也是如此。

其實我也有些訝異，才幾年的時間，過去一些曾經後悔的事，因為漸漸接受了，因為慢慢成長了，如今能用不同的角度當作是對自己的祝福。原本藏在其中看不見的意義，此刻也都漸漸有了意義。我想，目前發生在自己周圍的事，好的，不好的，到了後來也會是一種不同的安排。

後來的自己，你現在過得怎麼樣？如果你正過著計畫中的生活，我很開心又驕傲，但如果沒有也不意外，遇到人生的不確定，放慢腳步，或多走幾步，都會過去的。無論你現在人在哪裡，過什麼樣的生活，面對什麼樣的挑戰，走不出什麼樣的困境，都別忘了過去的我們都會支持著你，你一定會變更好的，不需要任何理由。

你很好，請單純的相信。

你很好，是因爲你看見自己的好。

國家圖書館出版品預行編目資料

你，很好：接受過去的你，喜歡現在的自己
艾爾文 著. -- 初版. -- 臺北市：方智，2018.09
272面；14.8×20.8公分 --（生涯智庫；162）

ISBN 978-986-175-503-8（平裝）

1. 人生哲學　2. 生活指導

191.9　　107010346

Eurasian Publishing Group
圓神出版事業機構
方智出版社
Fine Press

www.booklife.com.tw　　reader@mail.eurasian.com.tw

生涯智庫 162

你，很好：接受過去的你，喜歡現在的自己

作　　者／艾爾文
發 行 人／簡志忠
出 版 者／方智出版社股份有限公司
地　　址／台北市南京東路四段50號6樓之1
電　　話／（02）2579-6600．2579-8800．2570-3939
傳　　真／（02）2579-0338．2577-3220．2570-3636
總 編 輯／陳秋月
資深主編／賴良珠
專案企畫／沈蕙婷
責任編輯／鍾瑩貞
校　　對／鍾瑩貞．賴良珠
美術編輯／全益建
行銷企畫／張鳳儀．王莉莉
印務統籌／劉鳳剛．高榮祥
監　　印／高榮祥
排　　版／杜易蓉
經 銷 商／叩應股份有限公司
郵撥帳號／18707239
法律顧問／圓神出版事業機構法律顧問　蕭雄淋律師
印　　刷／國碩印前科技股份有限公司

2018年9月　初版
2024年5月　70刷

定價 340 元　　ISBN 978-986-175-503-8